AF324562

ORDONNANCE DU ROI,

Portant règlement pour le payement des Troupes de Sa Majesté, pendant l'hiver.

Du 25 Février 1760.

A PARIS,
DE L'IMPRIMERIE ROYALE.

M. DCCLX.

TABLE

Des Articles & Titres contenus en l'Ordonnance du Roi, du 25 Février 1760, portant règlement pour le payement des Troupes de Sa Majesté, pendant l'hiver.

ORDONNANCE

ORDONNANCE
DU ROI,

Portant règlement pour le payement des Troupes de Sa Majesté, pendant l'hiver.

Du 25 Février 1760.

DE PAR LE ROI.

SA MAJESTÉ voulant régler le traitement qui sera fait à ses Troupes, tant françoises qu'étrangères, pendant l'hiver 1759 à 1760, à commencer du premier novembre 1759, a ordonné & ordonne ce qui suit :

ARTICLE PREMIER.

CHACUNE des trois compagnies de Grenadiers du régiment des Gardes-françoises, composée d'un Capitaine, deux Lieutenans, deux Sous-lieutenans, deux Enseignes, & cent dix hommes, dont six Sergens, trois Caporaux, neuf Anspessades, quatre-vingt-huit Grenadiers, & quatre Tambours, sera payée sur le pied de trois cens soixante livres huit sols par mois au Capitaine, deux cens vingt-

GARDES-FRANÇOISES.
Compagnies de Grenadiers.

A

cinq livres feize fols huit deniers à chaque Lieutenant, cent dix livres huit fols quatre deniers à chaque Sous-lieutenant, foixante-treize livres fix fols huit deniers à chaque Enfeigne, quarante livres un fol huit deniers à chacun des cinq premiers Sergens, trente-huit livres quinze fols au fixième Sergent, vingt-deux livres cinq fols à chaque Caporal, dix-neuf livres quinze fols à chaque Anfpeffade & Tambour, feize livres quinze fols à chaque Grenadier, pareilles feize livres quinze fols pour la paye du Major; dix livres quinze fols pour celle du Commiffaire; & feize livres quinze fols pour chacune des douze payes de *Payes* gratification que Sa Majefté accorde au Capitaine, fa *de gratification.* compagnie étant complète de cent dix hommes, huit feulement à cent quatre jufqu'à cent neuf, & rien au deffous dudit nombre de cent quatre hommes.

Compagnies Chacune des trente compagnies de Fufiliers, compofée *de Fufiliers.* d'un Capitaine, un Lieutenant, un premier & fecond Sous-lieutenans, deux Enfeignes, fix Sergens, trois Caporaux, neuf Anfpeffades, quatre Tambours, & cent dix-huit Fufiliers, y compris les quatorze qui ont été mis d'augmentation dans chacune defdites trente compagnies, par ordonnance du 28 feptembre 1756, pour les mettre de cent vingt-fix à cent quarante hommes, fera payée fur le pied par mois, de deux cens cinquante-cinq livres au Capitaine, cent foixante-dix livres feize fols huit deniers au Lieutenant, quatre-vingt-cinq livres huit fols quatre deniers à chacun des premier & fecond Sous-lieutenans, cinquante-cinq livres à chaque Enfeigne, trente-cinq livres dix-huit fols quatre deniers à chacun des quatre premiers Sergens, trente-quatre livres quatre fols deux deniers à chacun des deux autres, dix-

3

huit livres dix-huit fols quatre deniers à chaque Caporal, dix-fept livres cinq fols à chaque Anfpeffade & Tambour, quatorze livres quinze fols à chaque Fufilier; pareilles quatorze livres quinze fols pour la paye du Major, dix livres quinze fols pour celle du Commiffaire; & pareilles dix livres quinze fols pour chacune des quatorze payes de gratification que Sa Majefté accorde au Capitaine, fa compagnie étant complète de cent quarante hommes, les Officiers non compris, n'en devant recevoir que fept fa compagnie étant à cent trente-deux jufqu'à cent trente-neuf hommes inclufivement, & rien au deffous dudit nombre de cent trente-deux hommes. *Payes de gratification.*

Il fera payé en outre à chacun des Capitaines trente fols par jour, pour appointer les trente meilleurs Soldats de fa compagnie.

A l'égard des Officiers de l'État-major dudit régiment, ils continueront d'être payés de leurs appointemens fuivant les états que Sa Majefté en fera expédier. *État-major.*

I I.

CHACUNE des douze compagnies du régiment des Gardes-fuiffes, compofée de deux cens hommes, les Officiers compris, fera payée à raifon de vingt livres fix fols par mois pour chaque homme, & pour chacune des trente payes de gratification que Sa Majefté accorde au Capitaine, fa compagnie étant de cent foixante-quinze hommes & au deffus, jufqu'au complet de deux cens hommes : Sa Majefté trouve bon auffi de faire payer au Capitaine la fomme de cent quarante-deux livres deux fols par mois, pour appointer les Porte-outils, & les plus anciens & apparens Soldats de fa compagnie. Au moyen de quoi *GARDES-SUISSES.* *Payes de gratification.*

A ij

ledit Capitaine doit avoir & entretenir un Lieutenant, à raison de cent cinquante livres par mois, un second Lieutenant à cent vingt livres, un Sous-lieutenant à quatre-vingt-dix livres, & deux Enseignes à soixante-quinze livres chacun, deux Sergens à trente-cinq livres chacun, trois autres Sergens à trente livres, & trois autres à vingt-cinq livres, un Chirurgien à trente livres, quatre Trabans, six Tambours, un Fifre, six Caporaux, six Appointés, & cent soixante-deux Soldats : Sa Majesté ayant aussi réglé qu'outre les Officiers ci-dessus, les Capitaines qui auront des régimens, seront tenus d'avoir un Capitaine-lieutenant, pour commander leur compagnie, qu'ils payeront à raison de deux cens livres par mois.

État-major du régiment, & Officiers de la Compagnie Générale. Les Officiers de l'État-major, & ceux de la Compagnie générale dudit régiment des Gardes-suisses, continueront d'être payés suivant les états & ordres que Sa Majesté fera expédier.

I I I.

INFANTERIE FRANÇOISE.

INFANTERIE FRANÇOISE. CHAQUE bataillon d'Infanterie françoise, mis par ordonnance du premier août 1755, à dix-sept compagnies, dont une de Grenadiers de quarante-cinq hommes, & seize de Fusiliers de quarante hommes, faisant au total six cens quatre-vingt-cinq hommes, sera payé sur le pied par jour, savoir :

Compagnies de Grenadiers. La compagnie de Grenadiers, à raison de six livres au Capitaine, y compris trente-neuf sols six deniers de supplément.

Quarante sols au Lieutenant, y compris deux sols dix

deniers de premier supplément, & cinq sols deux deniers de second supplément.

Vingt-six sols huit deniers au Sous-lieutenant, y compris six sols huit deniers de supplément.

Douze sols quatre deniers à chacun des deux Sergens, huit sols huit deniers à chacun des trois Caporaux, sept sols huit deniers à chacun des trois Anspessades, six sols huit deniers à chacun des trente-six Grenadiers & au Tambour.

Le Capitaine, outre l'appointement ci-dessus, recevra cinq payes de gratification de six sols huit deniers chacune, dont deux payes de supplément, sa compagnie étant complète de quarante-cinq hommes, & rien au dessous dudit nombre.

Payes de gratification.

Le Capitaine de Grenadiers, au moyen du traitement ci-dessus, payera vingt-cinq livres de chaque Soldat qui sera tiré du régiment pour entrer dans sa compagnie.

Soldats tirés pour les Grenadiers.

Chacune des seize compagnies de Fusiliers de chaque bataillon, sera payée sur le pied par jour, savoir:

Compagnies de Fusiliers.

Aux Capitaines des quatre premières compagnies, à raison de cinq livres six sols huit deniers chacun, y compris seize sols huit deniers de premier supplément, & quarante sols de second supplément.

Aux Capitaines des quatre compagnies qui suivent par leur rang, à raison de quatre livres treize sols quatre deniers à chacun, y compris seize sols huit deniers de premier supplément, & vingt-six sols huit deniers de second supplément.

Aux Capitaines des huit dernières compagnies, à raison de quatre livres à chacun, y compris seize sols huit deniers de premier supplément, & treize sols quatre deniers de second supplément.

'A chaque Lieutenant des feize compagnies de Fufi-liers, trente-trois fols quatre deniers, y compris deux fols dix deniers de premier fupplément, & dix fols fix deniers de fecond fupplément.

A l'égard des Sergens, Caporaux, Anfpeffades & Fufi-liers defdites compagnies de Fufiliers, ils feront payés fur le pied par jour, de onze fols quatre deniers à chacun des deux Sergens, fept fols huit deniers à chacun des trois Caporaux, fix fols huit deniers à chacun des trois Anfpeffades, & cinq fols huit deniers à chacun des trente-un Fufiliers & au Tambour.

Payes de gratification. Le Capitaine de Fufiliers, outre l'appointement ci-deffus, recevra cinq payes de gratification de cinq fols huit deniers chacune, dont deux payes de fupplément, fa compagnie étant complète de quarante hommes, trois à trente-neuf, une feulement à trente-huit hommes, & rien au deffous dudit nombre de trente-huit hommes.

Soldats fur-numéraires du régiment du Roi. Les cinq hommes furnuméraires par compagnie, établis dans le régiment d'Infanterie du Roi, par ordonnance du 7 feptembre 1741, & que Sa Majefté, par celles des 20 février 1749 & premier août 1755, a bien voulu continuer d'y entretenir au-delà du complet en chacune des foixante-huit compagnies dudit régiment, fans tirer à conféquence pour les autres régimens de fon Infanterie françoife, y recevront leur folde fur le pied de fix fols huit deniers par jour à chaque Grenadier, & de cinq fols huit deniers à chaque Fufilier qui fera préfent aux revûes des Commiffaires des guerres, jufqu'audit nombre de cinq par compagnie; fans que cela produife aucune augmentation dans les Haute-payes, ni dans les payes de gratification defdites compagnies.

Les Capitaines en second, qui, par la réforme, rem- *Capitaines*
pliffent des places de Lieutenant dans les compagnies de *en second.*
Fufiliers en ladite qualité de Capitaines en second, feront
payés de leurs appointemens, à raifon de quarante-deux
fols chacun par jour, tant qu'ils ferviront en ladite qualité; lefquelles places de feconds Officiers des compagnies
de Fufiliers, ne pourront être remplies, au défaut de
Capitaines en second actuellement en chaque régiment,
que par des Lieutenans aux appointemens attachés à ce
grade, de trente-trois fols quatre deniers par jour.

Les deux Enseignes entretenus pour porter les deux *Enseignes.*
drapeaux que Sa Majefté a réglé, par fon ordonnance du
10 février 1749, qu'il y auroit à l'avenir par bataillon,
avec rang de Lieutenant, recevront leurs appointemens
fur le pied de vingt-deux fols huit deniers chacun par
jour, y compris deux fols dix deniers de premier fupplément, & quatre fols dix deniers de fecond fupplément.

Les Lieutenans en second que Sa Majefté, par fon *Lieutenans en*
ordonnance du 20 février 1749, a bien voulu conferver *second, fans*
fans appointemens, fur le pied d'un en chacune des com- *appointemens,*
pagnies de Fufiliers de fon régiment d'Infanterie où il *au régiment*
n'y a point d'Enfeigne ; & le Sous-lieutenant que Sa *d'Infanterie*
Majefté, par fon ordonnance du 8 novembre 1750, a *du Roi.*
auffi établi fans appointemens en chacune des compagnies de Fufiliers dudit régiment, auront feulement le
logement dans tous les lieux où fe trouvera ledit régiment, & l'étape en route, ainfi qu'elle a été réglée par
l'ordonnance du premier avril 1737.

Les Officiers de l'État-major de chaque premier bataillon *État-major du*
ou des régimens d'Infanterie françoife, y compris ceux où *premier bataillon*
il y a Prevôté, feront payés fur le pied par jour, favoir; de *de chaque régi-*
ment.

cinq livres au Colonel, tant pour lui tenir lieu des appointemens dont il jouiſſoit comme Capitaine, que de ceux de Colonel; de quatre livres treize ſols quatre deniers d'appointemens au Lieutenant-colonel, indépendamment de cinq livres onze ſols un denier un tiers, à titre d'augmentation de traitement, auxquels Colonel & Lieutenant-colonel Sa Majeſté a jugé convenable, par ſon ordonnance du 10 février 1749, d'ôter les compagnies qu'ils commandoient ci-devant; cinq livres ſix ſols huit deniers au Major, y compris ſeize ſols huit deniers de premier ſupplément, & quarante ſols de ſecond ſupplément; quatre livres au ſecond Major du régiment du Roi, établi par ordonnance du premier juillet 1758, en ſupprimant le cinquième Aide-major; trois livres ſix ſols huit deniers à l'Aide-major, y compris deux ſols dix deniers de premier ſupplément, & trente ſols ſix deniers de ſecond ſupplément; vingt ſols au Maréchal-des-logis, & dix ſols à chacun des Aumônier & Chirurgien.

Colonel-lieutenant du régiment du Roi.

Sa Majeſté ayant réglé par ſon ordonnance du 20 février 1749, que la compagnie Colonelle de ſon régiment d'Infanterie ſeroit conſervée, & commandée comme ci-devant par le Colonel-lieutenant, il ne ſera payé en ladite qualité de Colonel que ſur le pied de trente-trois ſols quatre deniers par jour, indépendamment des appointemens qu'il recevra comme Capitaine, à raiſon de quatre livres par jour, les gradations d'augmentation de traitemens, établies pour les compagnies de Fuſiliers, devant avoir lieu pour ledit régiment comme pour les autres de l'Infanterie françoiſe, à commencer du premier Capitaine factionnaire.

Colonel en ſecond du régi-

Sa Majeſté ayant réglé par ſon ordonnance particulière

du

du 12 janvier 1750, que le sieur Chevalier de Beauveau, Colonel en second du régiment des Gardes de Lorraine, auroit les mêmes appointemens de cinq livres par jour, dont jouissent les Colonels en pied, du jour qu'il a cessé d'avoir une compagnie par la réforme; il continuera de recevoir lesdits appointemens, tant qu'il servira en ladite qualité de Colonel en second.

Les Officiers de la Prevôté qui est en chacun des régimens de Picardie, Champagne, Navarre, Piémont, Normandie, la Marine, la Tour-du-Pin, Bourbonnois, Auvergne, Belsunce, Talaru, du Roi, Royal, Lyonnois, Dauphin, d'Aquitaine, d'Eu, la Reine, Royal-des-Vaisseaux, Orléans, la Couronne, Artois, Royal-Roussillon, Condé, Bourbon, Royal-la-Marine, Royal-Comtois, Rohan-Rochefort, Nice, Penthièvre, Chartres, Conti, Enghien, Gardes de Lorraine, & ceux de la Prevôté établis par ordonnance du 9 février 1753, dans le régiment de la Marche-Prince, seront payés sur le pied par jour, de vingt-six sols huit deniers au Prevôt, treize sols quatre deniers à son Lieutenant, huit sols quatre deniers au Greffier, & cinq sols à chacun des cinq Archers & à l'Exécuteur de justice.

Le Commandant de chacun des second, troisième & quatrième bataillons des régimens où il y en a ce nombre, & auquel, par ordonnance du 10 février 1749, on a ôté la compagnie qu'il commandoit, sera payé sur le pied de quatre livres d'appointemens par jour, indépendamment de deux livres quinze sols six deniers deux tiers, aussi par jour, à titre d'augmentation de traitement; & l'Aide-major de chacun desdits bataillons, recevra trois livres six sols huit deniers par jour, y compris deux sols dix deniers de premier supplément, & trente sols six deniers de second supplément.

Sous-Aides-major dans le régiment du Roi.

Les quatre Sous-aides-major que Sa Majesté a établis dans son régiment d'Infanterie par ordonnance du 20 juillet 1753, continueront de recevoir les seize livres treize sols quatre deniers par mois, réglées par ladite ordonnance, indépendamment de leurs appointemens de Lieutenans.

RÉGIMENT de PIÉMONT.

SA MAJESTÉ ayant jugé à propos, par son ordonnance du 28 janvier dernier, de doubler les compagnies du régiment de Piémont, il sera payé jusques & compris le 4 du présent mois de février, sur le pied de son ancienne composition, conformément à ce qui est réglé par la présente ordonnance pour les régimens d'Infanterie françoise.

Et à commencer du 5 dudit mois de février, que sa composition a été portée à trente-six compagnies, formant quatre bataillons de neuf compagnies chacun, dont une de Grenadiers de quarante-cinq hommes, & huit de Fusiliers de quatre-vingts hommes chacune, il sera payé conformément à ce qui est réglé par l'ordonnance du premier du présent mois de février, sur le pied, savoir:

Compagnies de Grenadiers.

Chacune des compagnies de Grenadiers, composée d'un Capitaine, un Lieutenant, un Sous-lieutenant, deux Sergens, trois Caporaux, trois Anspessades, trente-six Grenadiers & un Tambour; de six livres au Capitaine, quarante sols au Lieutenant, vingt-six sols huit deniers au Sous-lieutenant, douze sols quatre deniers à chacun des deux Sergens, huit sols huit deniers à chacun des trois Caporaux, sept sols huit deniers à chacun des trois

Anfpeſſades, ſix ſols huit deniers à chacun des trente-ſix Grenadiers & au Tambour.

Le Capitaine recevra de plus cinq payes de gratifi-cation de ſix ſols huit deniers chacune, ſa compagnie étant complète de quarante-cinq hommes, & aucune au deſſous dudit nombre.

Chacune des huit compagnies de Fuſiliers, compoſée d'un Capitaine, deux Lieutenans, quatre Sergens, ſix Caporaux, ſix Anfpeſſades, ſoixante-deux Fuſiliers & deux Tambours, ſera payée ſur le pied par jour, ſavoir:

Compagnies de Fuſiliers.

Aux Capitaines des quatre premières compagnies, de cinq livres ſix ſols huit deniers à chacun.

Aux Capitaines des quatre dernières compagnies, de quatre livres treize ſols quatre deniers à chacun.

A chaque Lieutenant, trente-trois ſols quatre deniers.

A l'égard des Sergens, Caporaux, Anfpeſſades & Fuſiliers, ils feront payés ſur le pied par jour de onze ſols quatre deniers à chacun des quatre Sergens, ſept ſols huit deniers à chacun des ſix Caporaux, ſix ſols huit deniers à chacun des ſix Anfpeſſades, & cinq ſols huit deniers à chacun des ſoixante-deux Fuſiliers & deux Tambours.

Le Capitaine de Fuſiliers recevra de plus dix payes de gratification de cinq ſols huit deniers chacune, ſa compagnie étant complète de quatre-vingts hommes; ſix à ſoixante-dix-huit, deux ſeulement à ſoixante-ſeize, & aucune au deſſous dudit nombre de ſoixante-ſeize hommes.

Payes de gratification.

Les deux Enſeignes par bataillon, deſtinés à porter les drapeaux, continueront d'être payés de leurs appointemens sur le pied de vingt-deux sols huit deniers chacun par jour.

État-major. Les Officiers de l'État-major du premier bataillon dudit régiment, continueront d'être payés sur le pied par jour, de cinq livres au Colonel, quatre livres treize sols quatre deniers au Lieutenant-colonel, indépendamment de cinq livres onze sols un denier un tiers, à titre d'augmentation de traitement; lesquels Colonel & Lieutenant-colonel ne doivent point avoir de compagnie; cinq livres six sols huit deniers au Major, trois livres six sols huit deniers à l'Aide-major, vingt sols au Maréchal-des-logis, & dix sols à chacun des Aumônier & Chirurgien.

Les Commandans & Aides-majors des second, troisième & quatrième bataillons, continueront aussi d'être payés sur le pied par jour, de six livres quinze sols six deniers deux tiers à chaque Commandant de bataillon, & de trois livres six sols huit deniers à chaque Aide-major.

Appointemens conservés aux anciens Commandans de bataillon. Les Officiers qui commandoient les bataillons qui ont été réformés par les réductions ordonnées dans l'Infanterie françoise en 1748 & 1749, continueront de jouir, en conséquence de l'article X de l'ordonnance du 10 février 1749, des trente-six sols huit deniers par jour qu'ils avoient en ladite qualité de Commandant de bataillon, jusqu'à ce qu'ils soient remplacés; & ce indépendamment des appointemens de Capitaine de leur compagnie, avec laquelle ils ont passé dans les bataillons qui sont restés sur pied, en conservant les appointemens, le titre & le rang de Commandant de bataillon.

Capitaines & Lieutenans en second des régimens de la Sarre Les quatre Capitaines attachés en qualité de Capitaines en second, aux quatre premières compagnies des régimens de la Sarre & de Royal-Roussillon, au moyen de l'incorporation qui a été faite des quatre compagnies des seconds bataillons de ces régimens dans les compagnies de Fusiliers des premiers bataillons, seront payés sur le pied de quarante-deux sols par jour jusqu'à leur remplacement à des compagnies. *& de Royal-Roussillon.*

Et les quatre Lieutenans desdites compagnies incorporées, attachés, en qualité de Lieutenans en second, aux quatre secondes compagnies desdits premiers bataillons des régimens de la Sarre & de Royal-Roussillon, seront payés de leurs appointemens sur le pied de trente-trois sols quatre deniers par jour, aussi jusqu'à leur remplacement.

Les Officiers réformés à la suite des régimens d'Infanterie françoise, y seront payés des appointemens par mois qui leur ont été réglés, en passant présens aux revûes. *Officiers réformés à la suite des régimens.*

Les régimens d'Infanterie françoise & étrangère, qui servent dans l'isle de Minorque, seront payés de leur solde sur le même pied réglé par la présente ordonnance; & à l'égard du traitement extraordinaire que Sa Majesté leur a accordé, ils continueront à en jouir sur le pied des règlemens qui en ont été ordonnés; le payement de laquelle solde & traitemens extraordinaires sera fait par le Trésorier servant près lesdites troupes dans ladite isle, & la dépense employée dans son compte. *Régimens qui servent dans l'isle de Minorque.*

L'intention de Sa Majesté étant de continuer aux Capitaines prisonniers de guerre les mêmes appointemens que s'ils étoient au Corps, ils en seront payés, en conséquence des ordres particuliers qu'Elle fera expédier, au moyen de quoi l'augmentation d'appointemens attachée aux première & seconde classes, ne pourra passer à d'autres Capitaines, lorsqu'il se trouvera des prisonniers *Officiers prisonniers de guerre.*

de guerre dans le cas d'en jouir par leur rang; & après leur échange, au lieu de reprendre leurs compagnies, ils prendront celles des derniers Capitaines avec le rang qui leur appartient.

Les Officiers qui auront été nommés pour repréſenter les Lieutenans - colonels, Commandans de bataillon, Majors, Capitaines de Grenadiers & Aides-majors priſonniers, jouiront des appointemens & fourrages attribués à chacun de ces grades, & les Officiers priſonniers qu'ils repréſenteront, feront payés ſur les ordres particuliers de Sa Majeſté.

Entend Sa Majeſté que les penſions attribuées aux Lieutenans-colonels & premiers Capitaines de vingt régimens de ſon Infanterie Françoiſe, ainſi que les gratifications attachées aux charges, continuent d'être payées aux Officiers priſonniers qui en jouiſſent.

ROYAL-LORRAINE & ROYAL-BARROIS. Les régimens Royal-Lorraine & Royal-Barrois, formés par ordonnance du 20 mars 1757, & compoſés chacun d'un bataillon de ſix cens quatre-vingt-cinq hommes en neuf compagnies, dont une de Grenadiers de quarante-cinq hommes, & huit de Fuſiliers de quatre-vingts hommes, feront payés ſur le pied par jour, ſavoir:

Compagnie de Grenadiers. Chaque compagnie de Grenadiers, de ſept livres dix ſols au Capitaine en pied, trois livres au Lieutenant en premier, quarante ſols au Lieutenant en ſecond, douze ſols quatre deniers à chacun des trois Sergens, huit ſols huit deniers à chacun des trois Caporaux, ſept ſols huit deniers à chacun des trois Anſpeſſades, & ſix ſols huit deniers à chacun des trente-cinq Grenadiers & au Tambour.

Compagnies de Fuſiliers. Chaque compagnie de Fuſiliers ſera payée ſur le pied par jour, de fix livres dix fols au Capitaine en pied, trois livres dix fols au Capitaine en fecond, cinquante fols au Lieutenant en premier, trente-trois fols quatre deniers au Lieutenant en fecond, qui, dans les deux premières compagnies, tiendra lieu d'Enfeigne pour porter les drapeaux; onze fols quatre deniers à chacun des quatre Sergens, fept fols huit deniers à chacun des fix Caporaux, fix fols huit deniers à chacun des fix Anfpeffades, & cinq fols huit deniers à chacun des foixante-deux Fufiliers & deux Tambours.

L'État-major de chacun des deux régimens, fera payé fur le pied par jour, favoir, de douze livres dix fols au Colonel, dix livres dix fols au Lieutenant-colonel, tant pour leurs appointemens en leurs qualités, que pour leur tenir lieu de ceux de Capitaine, ne devant point avoir de compagnie; fix livres au Major, trois livres dix fols à l'Aide-major, vingt fols au Maréchal-des-logis, dix fols à l'Aumônier, pareils dix fols au Chirurgien, vingt-fix fols huit deniers au Prevôt, treize fols quatre deniers à fon Lieutenant, huit fols quatre deniers au Greffier, & cinq fols à chacun des cinq Archers & à l'Exécuteur.

État-major, avec Prevôté, des deux régimens.

Au moyen du traitement ci-deffus réglé à ces régimens, qui leur fera continué tant pendant la guerre que pendant la paix, il ne leur fera accordé ni uftenfile ni argent de recrue, devant être toûjours complets au moyen des hommes qui leur feront fournis des Milices de Lorraine & de Bar; mais Sa Majefté leur donnera des routes avec étape pour faire joindre les hommes de remplacement.

Comme ces régimens feront toûjours à la paye de garnifon, ils auront la faculté en campagne de prendre le pain de munition & la viande, aux retenues ordinaires fur la folde.

Masse. Outre la solde ci-dessus réglée pour les Sergens, Caporaux, Anspessades, Grenadiers, Soldats & Tambours, qui leur sera payée sans aucune retenue, au moyen de quoi ils doivent s'entretenir de linge & de chaussure, il continuera d'être payé vingt-quatre deniers par jour pour chaque Sergent, y compris quatre deniers de supplément, & douze deniers pour chacun des autres, y compris aussi deux deniers de supplément, même des trois cens quarante Grenadiers & Soldats surnuméraires que Sa Majesté a bien voulu entretenir dans son régiment d'Infanterie, qui formeront une Masse toûjours complète par bataillon, sans avoir égard aux hommes qui pourroient manquer dans les compagnies; laquelle demeurera entre les mains du Trésorier, qui en donnera ses reconnoissances à la fin de l'année, au Major ou Officier chargé du détail du régiment ou bataillon, en deux billets, l'un à titre de Grosse-Masse, sur le pied de seize deniers par Sergent & huit deniers par Soldat, & l'autre à titre de Petite-Masse, à raison de huit deniers par Sergent, & de quatre deniers par Soldat; laquelle Masse sera remise sur la main-levée des Inspecteurs généraux, à ceux qui auront fait les fournitures de l'habillement & équipement desdits régimens ou bataillons.

I V.

Pensions de vingt régimens d'Infanterie françoise. L'INTENTION de Sa Majesté est que les Commis du Trésorier général de l'Extraordinaire des guerres, dans les départemens ou dans les armées, continuent de payer ce qu'Elle accorde annuellement à titre de Pension attachée à l'ancienneté de service, dans chacun des vingt régimens d'Infanterie françoise ci-après dénommés, aux Lieutenans-colonels

colonels & premiers Capitaines defdits régimens ; & Elle ordonne que le payement de ces Penfions foit fait tous les trois mois aux Officiers qui feront pourvûs des grades auxquels elles font attachées, c'eft-à-dire, le quartier des mois de janvier, février & mars, dans le courant d'avril ; celui des mois d'avril, mai & juin, dans le courant de juillet ; celui des mois de juillet, août & feptembre, dans le courant d'octobre ; & celui des trois derniers mois, dans le courant du mois de janvier fuivant, & fur le pied par an des fommes ci-après fpécifiées pour chaque grade, favoir ; pour chacun des régimens de Picardie, Champagne, Navarre, Piémont, Normandie & la Marine, à raifon de fix cens livres par an au Lieutenant-colonel, cinq cens livres au premier Capitaine, & quatre cens livres à chacun des fecond, troifième, quatrième & cinquième Capitaines.

Pour le régiment d'Infanterie de Sa Majefté, fix cens livres par an au Lieutenant-colonel, cinq cens livres au premier Capitaine, & quatre cens livres à chacun des fecond, troifième, quatrième, cinquième, fixième & feptième Capitaines.

Pour chacun des régimens de la Tour-du-Pin, Bourbonnois, Auvergne, Belfunce, Talaru, Royal, Dauphin, Aquitaine, la Reine, Royal-des-Vaiffeaux, la Couronne & Royal-Rouffillon, fur le pied de fix cens livres par an au Lieutenant-colonel, cinq cens livres au premier Capitaine, & quatre cens livres à chacun des fecond & troifième Capitaines.

Et pour le régiment d'Artois, fix cens livres par an au Lieutenant-colonel, & cinq cens livres au premier Capitaine.

C

L'intention de Sa Majesté est que dans le cas où quelqu'un des Officiers qui jouissent de ces pensions viendroit à décéder avant l'échéance des trois mois de chaque quartier, il ne soit fait aucun décompte de sadite Pension, ne devant en jouir qu'autant qu'il aura vécu lesdits trois mois.

Et qu'à l'égard de la Pension attachée au grade de Lieutenant-colonel, elle ne puisse passer à son successeur que de la date de sa commission de Lieutenant-colonel.

V.

Corps des Grenadiers de France.

LE Corps des Grenadiers de France, formé par ordonnance du 15 février 1749, & qui, suivant celle du 15 septembre 1750, a rang dans l'Infanterie immédiatement après le régiment de Bourbon, ce Corps composé de quatre brigades de douze compagnies de quarante-cinq hommes, faisant au total deux mille cent soixante hommes, sur le pied de cinq cens quarante hommes par brigade, sera payé à raison par jour, savoir:

Compagnies.

Chacune des quarante-huit compagnies, de sept livres douze sols six deniers au Capitaine, dont cinquante-deux sols six deniers de supplément, tant pour ses appointemens, que pour lui tenir lieu des cinq payes de gratification dont jouissent les Capitaines de Grenadiers des régimens d'Infanterie françoise, leur compagnie étant complète; quarante sols au Lieutenant, y compris deux sols dix deniers de premier supplément, & cinq sols deux deniers de second supplément; vingt-six sols huit deniers au Lieutenant en second, y compris six sols huit deniers de supplément; douze sols quatre deniers à chacun des deux Sergens, huit sols huit deniers à chacun des trois Caporaux, sept sols huit deniers à chacun des trois Anspessades, & six

ſols huit deniers à chacun des trente-ſix Grenadiers &
au Tambour.

Le Sergent, le Caporal & les onze Grenadiers entre-
tenus en chacune des quatre brigades, ſous la dénomi-
nation de Charpentiers, recevront, en conſéquence de
l'ordonnance du 15 août 1750, un ſupplément de ſolde
par jour, de deux ſols au Sergent, un ſol ſix deniers au
Caporal, & un ſol à chaque Grenadier-Charpentier.

Supplément de ſolde aux Charpentiers.

L'Enſeigne qui eſt en chacune des quatre brigades, ſera
payé ſur le pied de vingt-deux ſols huit deniers par jour,
y compris deux ſols dix deniers de premier ſupplément,
& quatre ſols dix deniers de ſecond ſupplément.

Enſeignes.

L'État-major dudit corps recevra par jour, ſavoir, l'Inſ-
pecteur-commandant, vingt-deux livres quatre ſols cinq
deniers un tiers; le ſieur de Lanjamet, ci-devant Major,
& établi Commandant en ſecond dudit corps par ordon-
nance du 8 juillet 1756, treize livres ſix ſols huit deniers
par jour, lequel traitement ſera éteint du jour que ledit
ſieur de Lanjamet ne ſera plus employé audit corps;
ſeize livres treize ſols quatre deniers au Major établi
par ordonnance du 6 octobre 1759, huit livres ſix ſols
huit deniers à l'Aide-major dudit Corps établi par la
même ordonnance, cinq livres à chacun des quatre Aides-
major des brigades, trois livres ſix ſols huit deniers à
chacun des quatre Sous-aides-major auſſi établis par
ladite ordonnance du 6 octobre 1759, vingt ſols à chacun
des Aumônier & Chirurgien; & au Tambour & au Fifre,
chacun treize ſols quatre deniers.

État-major.

Les Colonels & Lieutenans-colonels deſtinés à ſervir
audit régiment, recevront, ſavoir, chaque Colonel, dix
livres par jour; & chaque Lieutenant-colonel, dix livres

Colonels & Lieutenans-colonels de ſervice aux Grenadiers de France.

quatre fols cinq deniers un tiers, auffi par jour, pour le temps qu'ils feront de fervice audit régiment feulement.

Maffe. A l'égard de la Maffe, elle fera payée fur le pied complet, à commencer du premier janvier de la préfente année, à raifon par jour, de vingt-quatre deniers par Sergent, & douze deniers à chaque Caporal, Anfpeffade, Grenadier, Fufilier & Tambour, du produit de laquelle le Tréforier remettra à la fin de l'année, deux billets, ainfi qu'il eft expliqué à l'article de l'Infanterie françoife; & le payement n'en fera fait que fur la main - levée de l'Infpecteur-commandant dudit Corps.

V I.

CORPS ROYAL de l'ARTILLERIE. CHACUNE des fix brigades du Corps royal de l'Artillerie, compofées de huit compagnies de cent hommes chacune, dont une d'Ouvriers, cinq de Canonniers, & deux de Bombardiers, fera payée fur le pied, favoir;

Compagnies d'Ouvriers. La compagnie d'Ouvriers, compofée d'un Capitaine en premier, deux Capitaines en fecond, deux Lieutenans en premier, deux Lieutenans en fecond, fix Sergens ou Maîtres-ouvriers, fix Caporaux ou Sous-maîtres, fix Anfpeffades, foixante Ouvriers, dix-neuf Apprentifs & trois Tambours, fera payée fur le pied par jour, de fix livres treize fols quatre deniers au Capitaine en premier, trois livres fix fols huit deniers à chacun des Capitaines en fecond, cinquante fols à chacun des Lieutenans en premier, quarante fols à chacun des Lieutenans en fecond, vingt fols dix deniers à chaque Sergent ou Maître-ouvrier, dix-huit fols deux deniers à chaque Caporal, feize fols deux deniers à chaque Anfpeffade, quinze fols deux deniers à chacun de vingt-cinq des foixante Ouvriers, douze sols deux deniers à chacun des trente-cinq autres, dix sols deux deniers à chacun des dix-neuf Apprentifs, & neuf sols huit deniers à chacun des trois Tambours. Le Capitaine jouira en outre de seize payes de gratification de dix sols deux deniers chacune, sa compagnie étant complète de cent hommes; douze à quatre-vingt-dix-huit, huit à quatre-vingt-seize, six à quatre-vingt-quatorze, quatre à quatre-vingt-douze, & aucune sa compagnie étant au dessous dudit nombre de quatre-vingt-douze hommes.

Chacune des compagnies de Canonniers, composée d'un Capitaine en premier, de deux Capitaines en second, deux Lieutenans en premier, deux Lieutenans en second, six Sergens, six Caporaux, six Anspessades, soixante-dix-neuf Canonniers & trois Tambours, sera payée sur le pied par jour, de six livres treize sols quatre deniers au Capitaine en premier, trois livres six sols huit deniers à chacun des Capitaines en second, cinquante sols à chacun des deux Lieutenans en premier, quarante sols à chacun des deux Lieutenans en second, vingt sols dix deniers à chaque Sergent, quatorze sols huit deniers à chaque Caporal, onze sols huit deniers à chaque Anspessade, neuf sols huit deniers à chacun de dix-huit des soixante-dix-neuf Canonniers, sept sols deux deniers à chacun des dix-huit autres, six sols deux deniers à chacun des quarante-trois restans, & neuf sols huit deniers à chacun des trois Tambours.

Chaque compagnie de Bombardiers, sera composée d'un Capitaine en premier, de deux Capitaines en second, deux Lieutenans en premier, deux Lieutenans en second, six Sergens, six Caporaux, six Anspessades, soixante-dix-

Compagnies de Canonniers.

Compagnies de Bombardiers.

neuf Bombardiers & trois Tambours, fera payée fur le pied par jour, de fix livres treize fols quatre deniers au Capitaine en premier, trois livres fix fols huit deniers à chacun des Capitaines en fecond, cinquante fols à chaque Lieutenant en premier, quarante fols à chaque Lieutenant en fecond, vingt fols dix deniers à chaque Sergent, quinze fols deux deniers à chaque Caporal, treize fols deux deniers à chaque Anfpeffade, douze fols deux deniers à chacun de quatre des feize Artificiers-Bombardiers, onze fols huit deniers à chacun de fix defdits Artificiers-Bombardiers, dix fols huit deniers à chacun des fix autres, neuf fols huit deniers à chacun de douze des foixante-trois Bombardiers, fept fols deux deniers à chacun de douze autres, fix fols deux deniers à chacun des trente-neuf reftans, & neuf fols huit deniers à chacun des trois Tambours.

État-major. L'État-major de chaque brigade, compofé d'un Brigadier ou Chef de brigade, d'un Colonel, d'un Lieutenant-colonel, un Major, un Aide-major, un Sous-aide-major, un Garçon-major, un Aumônier & un Chirurgien, fera payé fur le pied par jour; favoir, de feize livres treize fols quatre deniers au Chef de brigade, treize livres fix fols huit deniers au Colonel, neuf livres fix fols huit deniers au Lieutenant-colonel, huit livres fix fols huit deniers au Major, fix livres à l'Aide-major, cinquante fols au Sous-aide-major, quarante fols au Garçon-major, vingt-fept fols dix deniers à l'Aumônier, & trente-trois fols quatre deniers au Chirurgien.

Compagnie de Sappeurs. Les fix compagnies de Sappeurs, attachées au Corps du Génie, par ordonnance du 10 mars 1759, de foixante hommes chacune, compofées d'un Capitaine, un Lieutenant, trois Sergens, trois Caporaux, trois Anfpeffades, cinquante Sappeurs & un Tambour, feront payées fur le pied par jour, de neuf livres fix fols huit deniers au premier Capitaine, ayant rang de Lieutenant-colonel, tant en qualité de Capitaine, qu'en celle de Commandant les fix compagnies ; fix livres treize fols quatre deniers à chacun des cinq autres Capitaines; cinquante fols à chaque Lieutenant, vingt fols dix deniers à chaque Sergent, quatorze fols huit deniers à chaque Caporal, onze fols huit deniers à chaque Anfpeffade, neuf fols huit deniers à chacun de onze des cinquante Sappeurs, fept fols deux deniers à chacun des trente-neuf autres, & neuf fols huit deniers au Tambour.

Il fera payé au Major des Sappeurs, établi par ladite ordonnance du 10 mars 1759, huit livres fix fols huit deniers par jour, & fix livres à l'Aide-major.

Les fix compagnies de Mineurs, attachées auffi au Corps du Génie, par la même ordonnance du 10 mars 1759, compofées chacune d'un Capitaine, d'un Capitaine en fecond, d'un Lieutenant, deux Lieutenans en fecond, quatre Sergens, quatre Caporaux, quatre Anfpeffades, quarante-fix Mineurs ou Apprentifs & deux Tambours, feront payées fur le pied par jour, de neuf livres fix fols huit deniers au premier Capitaine ayant rang de Lieutenant-colonel, tant en qualité de Capitaine, qu'en celle de Commandant les fix compagnies; fix livres treize fols quatre deniers à chacun des cinq autres Capitaines, cinq livres au premier Capitaine en fecond établi dans la première compagnie, trois livres fix fols huit deniers à chaque autre Capitaine en fecond, cinquante fols à chaque Lieutenant, quarante fols à chaque Lieutenant en fecond, vingt fols dix deniers à chaque Sergent, quatorze fols huit

Compagnies de Mineurs.

deniers à chaque Caporal, onze fols huit deniers à chaque Anfpeffade, dix fols huit deniers à chacun des vingt-quatre Mineurs, fept fols deux deniers à chacun des vingt-deux Apprentifs, & neuf fols huit deniers à chacun des deux Tambours.

Le Capitaine recevra de plus huit payes de gratification, à raifon de fept fols deux deniers chacune, fa compagnie étant complète de foixante hommes, fix à cinquante-neuf, quatre à cinquante-huit, trois à cinquante-fept, deux à cinquante-fix, & aucune la compagnie étant au deffous dudit nombre de cinquante-fix hommes.

Il fera payé au Major des Mineurs, établi par ladite ordonnance du 10 mars 1759, huit livres fix fols huit deniers par jour, & fix livres à l'Aide-major.

Supplément de paye. Comme il fe trouve, par la nouvelle forme que le Roi a donné au Corps royal de l'Artillerie & aux Compagnies de Sappeurs & de Mineurs, plufieurs hommes qui éprouvent une diminution fur leur folde, l'intention de Sa Majefté eft qu'elle leur foit continuée fur l'ancien pied tant qu'ils exifteront à leur troupe, jufqu'à ce qu'ils foient montés à des grades dont la paye fera équivalente; au moyen de quoi les Commiffaires des guerres feront mention dans leurs revûes, du fupplément de paye qui reviendra à chacun de ces hommes, conformément à l'état qui leur en fera remis par le Major ou Officier chargé du détail de chaque brigade du Corps royal de l'Artillerie & des compagnies de Sappeurs & de Mineurs, & le décompte leur en fera fait en conféquence defdites revûes; lequel fupplément s'éteindra à mefure que les hommes viendront à manquer, ou qu'ils monteront à des grades dont la paye équivalera celle qu'ils avoient.

Enjoint

Enjoint Sa Majesté auxdits Majors, ou Officiers chargés du détail, de remettre lors de chaque revûe, un état exact & fidèle des hommes qui font dans le cas de jouir de ce supplément, lequel état ils certifieront véritable.

L'intention de Sa Majesté est aussi que ce supplément leur soit payé lorsqu'ils marcheront par étape, indépendamment de celui qui leur est réglé par la présente ordonnance.

Outre la solde ci-dessus réglée, il fera donné vingt-quatre deniers par jour pour chaque Sergent & chacun des Maîtres-ouvriers dans les compagnies d'Ouvriers, y compris quatre deniers d'augmentation; & douze deniers pour chaque Caporal, Anspessade, Sappeur, Canonnier, Bombardier, Mineur, Sous-maître-ouvrier, Ouvrier, Apprentif & Tambour des fix brigades, fix compagnies de Mineurs, & fix compagnies de Sappeurs du Corps royal de l'Artillerie, y compris deux deniers d'augmentation, qui formeront une Masse toûjours complète, fans avoir égard aux hommes qui pourroient manquer dans les compagnies, laquelle Masse demeurera entre les mains du Tréforier général du Corps royal de l'Artillerie, qui en donnera fes reconnoissances à la fin de l'année au Major ou autre Officier chargé du détail de chaque brigade & de chacune des compagnies de Mineurs & de Sappeurs, en deux billets, féparément pour chaque brigade & chaque compagnie de Mineurs & de Sappeurs, l'un à titre de Grosse-Masse, fur le pied de feize deniers par Sergent & Maître-ouvrier, & de huit deniers par Caporal, Anspessade, Sappéur, Canonnier, Bombardier, Mineur, Sous-maître-ouvrier, Ouvrier, Apprentif & Tambour; & l'autre, à titre de Petite-Masse,

D

à raison de huit deniers par Sergent & Maître-ouvrier, & de quatre deniers pour chacun des autres, le payement de laquelle Masse ne sera fait que sur la main-levée du Directeur général du Corps royal de l'Artillerie, ou des Inspecteurs.

V I I.

MILICES. LES cent cinq bataillons de Milices, levés dans les provinces du Royaume, y compris celui de la ville de Paris, & les quatre des duchés de Lorraine & de Bar, seront payés ainsi qu'il est expliqué ci-après.

Compagnies de Grenadiers. Les régimens de Grenadiers-royaux, formés des compagnies de Grenadiers & de Grenadiers-postiches desdits bataillons de Milices, sur le pied par jour, savoir, de quatre livres au Capitaine, trente-deux sols au premier Lieutenant, vingt sols au second Lieutenant, douze sols quatre deniers à chacun des deux Sergens, huit sols huit deniers à chacun des trois Caporaux, sept sols huit deniers à chacun des trois Anspessades, six sols huit deniers à chacun des quarante-un Grenadiers, & huit sols huit deniers au Tambour.

Compagnies de Grenadiers-postiches. Pour la compagnie de Grenadiers-postiches, à raison par jour, de trois livres dix sols au Capitaine, vingt-cinq sols au Lieutenant, onze sols quatre deniers à chacun des trois Sergens, sept sols huit deniers à chacun des trois Caporaux, six sols huit deniers à chacun des trois Anspessades, cinq sols huit deniers à chacun des cinquante Grenadiers-postiches, & sept sols huit deniers au Tambour.

État-major. L'État-major de chacun desdits régimens, sera payé sur le pied par jour, de douze livres au Colonel, dix livres au Lieutenant-colonel, tant pour leurs appointemens en ladite qualité, que pour leur tenir lieu de ceux de Capitaine, n'ayant point de compagnie ; six livres au Major, trois livres à chacun des deux Aides-majors.

Seconds Lieutenans pour porter les drapeaux.

Les deux seconds Lieutenans attachés aux deux premières compagnies de Grenadiers-postiches de chacun desdits régimens pour porter les drapeaux, seront payés à raison de vingt sols par jour à chacun.

Bataillons de Milices pour la garde des Places.

Les huit compagnies de Fusiliers de chacun des cent cinq bataillons de Milices des Provinces, y compris celles du bataillon de Paris, & des quatre bataillons des duchés de Lorraine & de Bar, qui composent présentement les bataillons de Milices destinés à la garde des Places, lesquelles compagnies sont actuellement de quatre-vingt-dix hommes, continueront d'être payées par jour, de trois livres cinq sols au Capitaine, vingt sols au Lieutenant, onze sols quatre deniers à chacun des deux Sergens, sept sols huit deniers à chacun des trois Caporaux, six sols huit deniers à chacun des trois Anspessades, cinq sols huit deniers à chacun des quatre-vingt-un Fusiliers, & sept sols huit deniers au Tambour.

Compagnies de Fusiliers.

L'État-major de chacun desdits bataillons, continuera d'être payé, sur le pied par jour, de cinq livres au Commandant, soit qu'il ait commission de Lieutenant-colonel ou non, n'ayant point de compagnie, & trois livres à l'Aide-major.

État-major d'un bataillon de Milice.

Les Majors des régimens ci-devant Polignac & de Montureux, des Milices des duchés de Lorraine & de Bar, qui font actuellement les fonctions de Capitaines-aides-majors dans les bataillons de Nancy & de Bar, continueront de recevoir leurs appointemens sur le pied

D ij

de trois livres cinq fols par jour, jufqu'à ce qu'ils foient pourvûs de compagnie.

A l'égard des Commandans des quinze bataillons de Milices employés dans les places de communication des armées, ils continueront de jouir des appointemens de fept livres par jour, dont quarante fols de fupplément à eux réglés par l'article III de l'ordonnance du 25 mars 1758.

Entend Sa Majefté, qu'au moyen de la paye ci-deffus réglée aux Tambours, tant des compagnies de Grenadiers que de celles des Grenadiers-poftiches & de Fufiliers, ils foient tenus d'entretenir leur caiffe de peaux & de cordages, & de fe fournir de baguettes.

Entend auffi Sa Majefté, qu'au moyen de cinq fols par jour d'augmentation de paye qu'Elle accorde aux Capitaines des compagnies de Fufiliers, à commencer du premier mars 1758, ils foient chargés de la confervation de l'habillement, de l'équipement & des armes des Soldats de leurs compagnies, & qu'ils foient refponfables du dégât qui en feroit fait; Sa Majefté ayant ordonné aux Commiffaires des guerres d'en faire tous les deux mois une vifite exacte en préfence des Commandans des bataillons & des Officiers du Corps Royal employés pour l'Artillerie dans les Places où feront lefdits bataillons; & que lorfqu'il fe trouvera des compagnies dont lefdits effets feront reconnus en mauvais état, ou qu'il y aura quelques réparations à y faire, le payement des appointemens des Capitaines defdites compagnies, foit fufpendu fur les ordres particuliers du Secrétaire d'État ayant le département de la guerre, jufqu'à ce que lefdites réparations aient été faites; à l'effet de quoi les Commiffaires des guerres feront tenus de joindre aux extraits de leurs revûes, des états détaillés de la situation des effets desdits bataillons, certifiés d'eux, des Commandans des bataillons & des Officiers du Corps Royal de l'Artillerie, pour l'article qui regarde les armes, ainsi qu'il est expliqué par l'article VII de l'ordonnance du premier novembre 1757.

Ordonne Sa Majesté que pendant tout le temps du service des Milices, il soit retenu sur la solde un sol quatre deniers par jour à chaque Sergent, & huit deniers à chaque Caporal, Anspessade, Grenadier, Grenadier-postiche, Fusilier & Tambour, pour faire une Masse qui sera remise entre les mains de l'Aide-major ou autre Officier chargé du détail, pour leur être délivrée & employée par les soins des Commissaires des guerres, à leur fournir de linge & de chaussure.

Sa Majesté étant informée que plusieurs des Capitaines des bataillons de Milices font difficulté de supporter sur leurs appointemens la totalité de la retenue de quatre deniers pour livre de la solde des Sergens & Soldats de leurs compagnies, & ayant décidé que les Capitaines de ses troupes doivent être chargés de cette retenue, Elle ordonne qu'elle sera également sur le compte desdits Capitaines de Milice, & en conséquence qu'il ne sera fait aucune déduction pour raison de ladite retenue, sur la solde réglée aux Sergens, Caporaux, Anspessades, Grenadiers, Fusiliers & Tambours de ses Milices.

LES régimens des troupes Boulonnoises, composés chacun de treize compagnies, seront payés pendant le temps qu'ils serviront dans les Places, sur le pied, savoir:

La compagnie de Grenadiers de chaque régiment, composée de quarante-cinq hommes, à raison par jour,

Troupes Boulonnoises.

Compagnies de Grenadiers.

de quatre livres six deniers au Capitaine, trente-quatre sols dix deniers au Lieutenant, douze sols quatre deniers à chacun des deux Sergens, huit sols huit deniers à chacun des trois Caporaux, sept sols huit deniers à chacun des trois Anspessades, six sols huit deniers à chacun des trente-six Grenadiers & au Tambour, & six sols huit *Payes de gratification.* deniers pour chacune des trois payes de gratification que le Capitaine doit recevoir, sa compagnie étant de quarante-cinq & quarante-quatre hommes; deux desdites payes, la compagnie étant à quarante-un, quarante-deux & quarante-trois, une seulement lorsqu'elle ne sera qu'à quarante, & rien au dessous dudit nombre de quarante hommes.

Compagnies de Fusiliers. Chacune des douze compagnies de Fusiliers de chaque régiment, composée de quarante hommes, sera payée à raison par jour, de trois livres six sols huit deniers au Capitaine, vingt-deux sols dix deniers au Lieutenant, onze sols quatre deniers à chacun des deux Sergens, sept sols huit deniers à chacun des trois Caporaux, six sols huit deniers à chacun des trois Anspessades, & cinq sols huit deniers à chacun des trente-un Fusiliers & au Tambour; le Capitaine, outre l'appointement ci-dessus, recevra trois *Payes de gratification.* payes de gratification de cinq sols huit deniers chacune, lorsque sa compagnie se trouvera composée de quarante & trente-neuf hommes, deux desdites payes lorsqu'elle sera à trente-six, trente-sept & trente-huit hommes, une seulement à trente-cinq, & rien au dessous dudit nombre de trente-cinq hommes.

Enseignes. L'Enseigne qui est en chacune des compagnies Colonelle & Lieutenante-colonelle, sera payé sur le pied de dix-sept sols dix deniers par jour.

Les Officiers de l'État-major de chacun desdits régimens, feront payés fur le pied par jour, favoir, au Colonel une livre treize fols quatre deniers, indépendamment de fes appointemens de Capitaine; au Lieutenant-colonel quarante-cinq fols, auffi outre ce qu'il reçoit comme Capitaine; trois livres fix fols huit deniers au Major, trente-fix fols deux deniers à l'Aide-major, vingt fols au Maréchal-des-logis, & dix fols à chacun des Aumônier & Chirurgien.

Outre la folde ci-deffus réglée pour les Sergens, Caporaux, Anfpeffades, Grenadiers, Fufiliers & Tambour, qui leur fera payée fans aucune retenue, au moyen de quoi ils doivent s'entretenir de linge & de chauffure; il fera donné vingt-quatre deniers par jour pour chaque Sergent, & douze deniers pour chacun des autres, qui formeront une Maffe toûjours complète pour chaque régiment, fans avoir égard aux hommes qui pourroient manquer dans les compagnies; laquelle Maffe demeurera entre les mains du Tréforier, qui en donnera fes reconnoiffances à la fin de l'année, au Major ou autre Officier chargé du détail du régiment, en deux billets, ainfi qu'il eft expliqué à l'article de l'Infanterie françoife, pour être ladite Maffe employée à l'habillement & équipement defdits régimens, & remife, fur la main-levée de l'Infpecteur defdites troupes Boulonnoifes, à ceux qui auront fait lefdites fournitures.

LES cinquante-cinq compagnies de Milices ordinaires du Rouffillon, de Conflent & de Cerdagne, levées par ordonnance du premier mai 1756, pour fervir à la garde des Places de ladite province, dont vingt compagnies à cinquante hommes chacune, qui compofent les deux bataillons du régiment de Perpignan, à raifon de dix compagnies par bataillon, & trente-quatre compagnies de quarante hommes, formant trois bataillons, lesquelles compagnies sont distribuées dans plusieurs Places de ladite province, & une compagnie de quarante hommes tenant garnison au château de Salces, seront payées de leurs appointemens & solde, ainsi qu'il suit, savoir:

Compagnies à cinquante hommes. Chacune des vingt compagnies de cinquante hommes qui composent les deux bataillons du régiment de Perpignan, composée d'un Capitaine, un Lieutenant, deux Sergens, trois Caporaux, trois Anspessades, quarante-un Fusiliers & un Tambour, sera payée à raison par jour, de cinquante sols au Capitaine, vingt sols au Lieutenant, dix sols quatre deniers à chaque Sergent, sept sols huit deniers à chaque Caporal, six sols huit deniers à chaque Anspessade, cinq sols huit deniers à chaque Fusilier, & sept sols deux deniers au Tambour.

Compagnies à quarante hommes. Chacune des trente-cinq autres compagnies de quarante hommes, composée d'un Capitaine, un Lieutenant, deux Sergens, trois Caporaux, trois Anspessades, trente-un Fusiliers & un Tambour, sera payée à raison par jour, de cinquante sols au Capitaine, vingt sols au Lieutenant, dix sols quatre deniers à chaque Sergent, sept sols huit deniers à chaque Caporal, six sols huit deniers à chaque Anspessade, cinq sols huit deniers à chacun des Fusiliers, & sept sols deux deniers au Tambour.

Au moyen de la solde ci-dessus réglée pour les Sergens, Caporaux, Anspessades, Fusiliers & Tambours desdites compagnies, ils s'entretiendront d'habillement, de linge & de chaussure.

État-major du régiment L'Etat-major du régiment de Perpignan sera payé sur le pied par jour, de quarante sols au Colonel, vingt sols au Lieutenant-

Lieutenant-colonel, outre ce qu'ils reçoivent comme Ca- *de Milice de Perpignan.*
pitaines; vingt fols au Commandant du fecond bataillon,
aufli indépendamment de fon traitement de Capitaine;
cinquante fols au Major, & trente fols à l'Aide-major
dudit régiment.

Il fera payé à chacun des Commandant & Aide-major *Commandans de bataillon, & Aides-majors.*
de chacune defdites troupes qui compofent les trois
bataillons, dont les compagnies font à quarante hommes,
& diftribuées dans plufieurs Places de ladite province du
Rouffillon; favoir, à chaque Commandant vingt fols par
jour, outre ce qu'il reçoit en qualité de Capitaine, &
trente fols à chaque Aide-major.

CHAQUE bataillon de Milices du Béarn, compofé *MILICES BÉARNOISES, GRAMONTOI-SES, & des pays de NAVARRE, de LABOUR & de SOULE.*
de cinq cens vingt-cinq hommes, en treize compagnies,
dont une de Grenadiers de quarante-cinq hommes, &
douze de Fufiliers de quarante hommes chacune; & les
compagnies de Milices Gramontoifes, de la baffe Navarre,
& des pays de Labour & de Soule, de cinquante hommes
chacune, levées par ordonnance du 13 avril 1756, recevront leurs appointemens & folde pendant le temps de
leur fervice dans les Places, fur le pied, favoir :

Pour chaque bataillon de Milices Béarnoifes, la com- *Milices Béarnoifes. Compagnies de Grenadiers à quarante-cinq hommes.*
pagnie de Grenadiers de quarante-cinq hommes, compofée
d'un Capitaine, un Lieutenant, deux Sergens, trois Caporaux, trois Anfpeffades, trente-fix Grenadiers & un Tambour, fera payée à raifon par jour, de trois livres dix fols au
Capitaine, vingt-cinq fols au Lieutenant, onze fols quatre
deniers à chaque Sergent, fept fols huit deniers à chaque
Caporal, fix fols huit deniers à chaque Anfpeffade, &
cinq fols huit deniers à chaque Grenadier & au Tambour.

Chacune des douze compagnies de Fufiliers dudit *Compagnies*

E

à quarante hommes.

bataillon, à raison par jour, de cinquante fols au Capitaine, vingt fols au Lieutenant, dix fols quatre deniers à chacun des deux Sergens, fept fols huit deniers à chacun des trois Caporaux, fix fols huit deniers à chacun des trois Anfpeffades, & cinq fols huit deniers à chacun des trente-un Fufiliers & au Tambour.

État - major de chaque bataillon.

Les Officiers de l'État-major de chacun defdits bataillons, feront payés à raifon par jour, de trente fols au Lieutenant-colonel, indépendamment de fes appointemens de Capitaine, & de quarante-cinq fols à l'Aide-major.

Milices Gramontoifes & des pays de Navarre, de Labour & de Soule.

Compagnies à cinquante hommes.

Chacune des compagnies de Milices Gramontoifes, des pays de baffe Navarre, de Labour & de Soule, de cinquante hommes, compofée d'un Capitaine, un Lieutenant, deux Sergens, trois Caporaux, trois Anfpeffades, quarante-un Fufiliers & un Tambour, fera payée à raifon par jour, de cinquante fols au Capitaine, vingt fols au Lieutenant, dix fols quatre deniers à chaque Sergent, fept fols huit deniers à chaque Caporal, fix fols huit deniers à chaque Anfpeffade, & cinq fols huit deniers à chaque Fufilier & au Tambour.

États - majors des troupes formées des compagnies de cinquante hommes.

A l'égard des Lieutenans - colonels, Aides - majors & Garçons-majors, attachés aux différentes troupes qui font compofées de plufieurs de ces compagnies de cinquante hommes, ils feront payés de leurs appointemens à raifon par jour, favoir, de trente fols au Lieutenant-colonel des compagnies de Milices Gramontoifes, outre ce qu'il reçoit comme Capitaine, & quarante-cinq fols à l'Aide major defdites compagnies Gramontoifes; trente fols à chaque Lieutenant-colonel des troupes compofées defdites compagnies de Milices des pays de Navarre, de Labour & de

Soule, outre ce qu'il reçoit comme Capitaine, & vingt-cinq fols à chaque Garçon - major.

LA compagnie de Montboiffier, qui eft dans les Ifles Sainte-Marguerite & Saint-Honorat, compofée d'un Capitaine, de deux Lieutenans, deux Sergens, un Caporal, un Anfpeffade, trente Soldats & un Tambour, fera payée fur le pied par jour, de quatorze livres trois fols quatre deniers au Capitaine, y compris onze livres cinq fols d'augmentation; trois livres trois fols quatre deniers à chacun des deux Lieutenans, y compris trente-trois fols quatre deniers d'augmentation; douze fols à chacun des deux Sergens, huit fols au Caporal, fept fols à l'Anfpeffade, fix fols à chacun des trente Soldats & au Tambour; & le Chapelain qui eft avec ladite compagnie, recevra feize fols huit deniers par jour.

COMPAGNIE
de
MONTBOISSIER
aux ifles Sainte-
Marguerite.

V I I I.

LES compagnies détachées de l'Hôtel royal des Invalides, de foixante hommes chacune, feront payées, à la réferve de celles dont il fera parlé ci-après, fur le pied par jour, de cinquante fols au Capitaine, vingt fols à chacun des cinq Lieutenans, dix fols à chacun des trois Sergens, fept fols à chacun des trois Caporaux, fix fols à chacun des trois Anfpeffades, & cinq fols à chacun des cinquante Soldats & au Tambour : s'il fe trouve des furnuméraires dans lefdites compagnies, les Commiffaires des guerres les comprendront dans leurs revûes, & ils continueront d'être payés comme il a été réglé par l'ordonnance du 22 juin 1737, de cinq fols de folde par jour. Ordonne Sa Majefté que cette règle foit pareillement obfervée pour les Soldats furnuméraires qui fe trouveront dans

INVALIDES.
Compagnies
détachées.

les compagnies détachées de bas-Officiers ci-après, de cent quarante hommes chacune, & que lesdits Soldats surnuméraires reçoivent leur solde sur le pied de sept sols chacun par jour.

Compagnies de bas-Officiers. Les compagnies de bas-Officiers Invalides, détachées dudit Hôtel royal, d'Hortal, Cherier, Saint-Roman, Bruchet ci-devant Villenoy, Bruchet, l'Arzillier, Diguem, du Miny, Desaries, Toucheronde & Maidon, de cent quarante hommes chacune, seront payées sur le pied par jour, de cinquante sols au Capitaine en premier, pareils cinquante sols au Capitaine en second, vingt sols à chacun des cinq Lieutenans, douze sols à chacun des six Sergens, neuf sols à chacun des six Caporaux, huit sols à chacun des six Anspessades, & sept sols à chacun des cent vingt Fusiliers & deux Tambours.

Compagnie de bas-Officiers servant à la garde du château de la Bastille. La compagnie de bas-Officiers Invalides, de quatre-vingt-deux hommes, formée par ordonnance du 30 décembre 1749, pour servir à la garde du château de la Bastille, sera payée sur le pied par jour, de trois livres dix sols au Capitaine en premier, y compris vingt sols de supplément; trois livres au Capitaine en second, y compris dix sols de supplément; cinquante sols au Lieutenant chargé du détail, y compris trente sols de supplément; quarante sols à chacun des deux autres Lieutenans, y compris vingt sols de supplément; quinze sols à chacun des quatre Sergens, y compris trois sols de supplément; douze sols à chacun des quatre Caporaux, y compris trois sols de supplément; onze sols à chacun des quatre Anspessades, y compris trois sols de supplément; & dix sols à chacun des soixante-huit Fusiliers & deux Tambours, y compris aussi trois sols par jour de supplément.

La compagnie de bas-Officiers Invalides, de cent six hommes, formée par ordonnance du 23 octobre 1750, pour servir à la garde du palais des Tuileries & du château du Louvre, sera payée sur le pied par jour, de cinquante sols au Capitaine en premier, pareils cinquante sols au Capitaine en second, vingt sols au Lieutenant chargé du détail & à chacun des quatre autres Lieutenans, douze sols à chacun des six Sergens, neuf sols à chacun des six Caporaux, huit sols à chacun des six Anspessades, & sept sols à chacun des quatre-vingt-cinq Fusiliers & trois Tambours.

Compagnie de bas-Officiers Invalides servant à la garde des Tuileries & du Louvre.

La compagnie de bas-Officiers Invalides, de soixante-huit hommes, formée par ordonnances des 3 juillet 1753 & 30 décembre 1757, pour servir à la garde de l'École militaire, sera payée sur le fonds de l'Extraordinaire des guerres, à raison par jour, de cinquante sols au Capitaine en pied, pareils cinquante sols au Capitaine en second, faisant les fonctions de Lieutenant; douze sols à chacun des trois Sergens, neuf sols à chacun des trois Caporaux, huit sols à chacun des trois Anspessades, & sept sols à chacun des cinquante-sept Fusiliers & deux Tambours; outre lesquels appointemens & solde, il sera payé aux Officiers, Haute-payes, Fusiliers & Tambours, un supplément sur le pied par jour, de vingt sols au Capitaine en premier, dix sols au Capitaine en second, & de trois sols aussi par jour à chaque Sergent, Caporal, Anspessade, Fusilier & Tambour; lequel supplément d'appointemens & de solde ci-dessus, sera payé des fonds destinés à l'entretien de ladite École militaire.

Compagnie de bas-Officiers Invalides servant à la garde de l'École militaire.

La compagnie de bas-Officiers Invalides, de quatre-vingt-deux hommes, formée par ordonnance du 30 mars

Compagnie de bas-Officiers Invalides servant

1757, pour ſervir à la garde de l'Arſenal de Paris, ſera payée ſur le pied par jour, de trois livres dix ſols au Capitaine en premier, trois livres au Capitaine en ſecond, cinquante ſols à celui des trois Lieutenans qui ſera chargé du détail, & quarante ſols à chacun des deux autres, quinze ſols à chacun des quatre Sergens, douze ſols à chacun des quatre Caporaux, onze ſols à chacun des quatre Anſpeſſades, & dix ſols à chacun des ſoixante-huit Fuſiliers & deux Tambours.

La compagnie de bas-Officiers Invalides, de ſoixante hommes, formée par ordonnance du 5 décembre 1754, pour ſervir à la garde du château de Vincennes, ſera payée ſur le pied par jour, de trois livres dix ſols au Capitaine, y compris vingt ſols de ſupplément; cinquante ſols au Lieutenant chargé du détail, y compris trente ſols de ſupplément; quarante ſols à chacun des deux autres Lieutenans, y compris vingt ſols de ſupplément; quinze ſols à chacun des trois Sergens, y compris trois ſols de ſupplément; douze ſols à chacun des trois Caporaux, y compris trois ſols de ſupplément; onze ſols à chacun des trois Anſpeſſades, y compris trois ſols de ſupplément; & dix ſols à chacun des cinquante Fuſiliers & au Tambour, y compris auſſi trois ſols de ſupplément.

Les quatre compagnies détachées de l'Hôtel royal des Invalides, formées par ordonnance du premier mars 1756, & portées à cent hommes chacune par ordonnance du 15 décembre 1758, pour être employées dans les Places & ſur les Côtes, aux différentes manœuvres de l'Artillerie, & dans leſquelles compagnies Sa Majeſté a en même temps ordonné de faire entrer tous les bas-Officiers & Soldats, qui, ayant ſervi dans les bataillons du Corps royal de l'Artillerie, ont obtenu leur retraite à l'Hôtel des Invalides, ainsi que ceux dudit Corps qui servoient dans les compagnies détachées dudit Hôtel, seront payées jusqu'au dernier du présent mois de février sur le pied réglé par l'ordonnance de solde des Troupes du premier avril 1759, & à commencer du 1.ᵉʳ mars 1760, à raison par jour pour chaque compagnie, de quatre livres au Capitaine en premier, cinquante sols au Capitaine en second, trente-trois sols quatre deniers à chacun des trois Lieutenans, douze sols six deniers à chacun des cinq Sergens, neuf sols six deniers à chacun des cinq Caporaux, huit sols six deniers à chacun des cinq Anspessades, & sept sols six deniers à chacun des dix-huit plus anciens Fusiliers, sept sols à chacun des dix-huit Fusiliers suivans, six sols six deniers à chacun des quarante-huit derniers Fusiliers, & sept sols six deniers au Tambour.

Entend Sa Majesté que les bas-Officiers provenant dudit Corps royal de l'Artillerie, qui servoient en ladite qualité dans les compagnies de bas-Officiers dudit Hôtel des Invalides, & qui en ont été tirés pour entrer dans les quatre compagnies ci-dessus établies par ladite ordonnance du 5 mars 1756, y jouissent de la même paye qu'ils avoient dans lesdites compagnies de bas-Officiers, & en outre, de six deniers d'augmentation par jour, jusqu'à ce qu'ils aient monté dans lesdites quatre compagnies, à des grades qui leur produisent une paye plus forte que celle qu'ils avoient dans lesdites compagnies de bas-Officiers détachées dudit Hôtel des Invalides, ladite continuation d'ancienne paye & l'augmentation de six deniers par jour, ne devant avoir lieu que pour ceux desdits bas-Officiers qui occupent dans lesdites quatre

compagnies nouvelles, des places dont la paye eſt infé-
rieure à celle qu'ils avoient dans leſdites compagnies
détachées de bas-Officiers. Ceux qui, ayant ſervi dans
ledit Corps royal de l'Artillerie, ſeront admis par la ſuite
à l'Hôtel des Invalides en qualité de bas-Officiers, ſeront
également payés ſuivant ce grade & de la manière ci-
deſſus expliquée, en paſſant dans leſdites quatre compagnies. Ordonne Sa Majeſté aux Commiſſaires des guerres,
qui auront la police de ces quatre compagnies nouvelles,
de faire mention ſur leurs revûes, de ceux deſdits bas-
Officiers qui doivent jouir de la même paye qu'ils avoient
dans les compagnies détachées de bas-Officiers, & des
ſix deniers d'augmentation par jour, en y ſpécifiant le
grade & la paye qu'ils y avoient, ainſi que les places
qu'ils occupent dans leſdites quatre compagnies; en obſervant pareillement de marquer ſur leurs revûes, les bas-
Officiers dudit Corps royal de l'Artillerie, qui n'auront
point ſervi dans les compagnies détachées de bas-Officiers, & qui viendront directement de l'Hôtel des Invalides pour entrer dans leſdites quatre compagnies, afin
que les Tréſoriers de l'Extraordinaire des guerres puiſſent
payer leſdites compagnies ſur le pied ordonné ci-deſſus.

I X.

TROUPES LÉGÉRES.

Sᴀ Mᴀᴊᴇѕᴛé ayant jugé du bien de ſon ſervice de
faire différens changemens dans pluſieurs corps de
Troupes légères, afin de les rapprocher d'une compoſition uniforme, Elle a réglé, par ſon ordonnance du
22 novembre dernier;

Que

Que les régimens des Volontaires d'Alsace & celui des Volontaires-Liégeois, seroient supprimés pour être incorporés dans les régimens des Volontaires de Flandre, des Volontaires du Haynault, des Volontaires du Dauphiné, des Volontaires de Clermont, & des Volontaires d'Austrasie, qui étoient ci-devant sous le titre de Volontaires-Étrangers; au moyen de quoi chacun de ces cinq régimens seroit composé, après l'incorporation de neuf cens quarante-huit hommes, divisés en dix-sept compagnies, dont une de Grenadiers de soixante hommes, huit de Fusiliers de soixante-onze, & huit de Dragons de quarante hommes chacune.

En conséquence, ces cinq régimens continueront d'être payés, jusqu'au jour de leur nouvelle composition, conformément à ce qui est réglé par les ordonnances de solde des Troupes, des 1.er avril & 1.er juillet 1759; & à commencer du jour de leur nouvelle composition, ils seront payés sur les revûes des Commissaires des guerres, savoir: *Régimens des Volontaires de Flandre, du Haynault, du Dauphiné, de Clermont & d'Austrasie.*

La compagnie de Grenadiers de chaque régiment, composée d'un Capitaine, un Lieutenant, un Sous-lieutenant, deux Sergens, un Fourrier, quatre Caporaux, quatre Anspessades, quarante-huit Grenadiers & un Tambour, sur le pied par jour, de six livres treize sols quatre deniers au Capitaine, cinquante sols au Lieutenant, trente-trois sols quatre deniers au Sous-lieutenant, douze sols quatre deniers à chacun des deux Sergens, dix sols au Fourrier, huit sols huit deniers à chacun des quatre Caporaux, sept sols huit deniers à chacun des quatre Anspessades, six sols huit deniers à chacun des quarante-huit Grenadiers & au Tambour. *Compagnies de Grenadiers.*

Le Capitaine recevra de plus six payes de gratification de six sols huit deniers chacune, sa compagnie étant complète au nombre de soixante hommes, trois à cinquante-neuf, une à cinquante-huit, & aucune au dessous dudit nombre de cinquante-huit hommes.

Compagnies de Fusiliers. Chacune des huit compagnies de Fusiliers, composée d'un Capitaine, un Lieutenant, un Sous-lieutenant, trois Sergens, un Fourrier, six Caporaux, six Anspessades, cinquante-quatre Fusiliers & un Tambour; à raison par jour, de cinq livres au Capitaine, quarante sols au Lieutenant, trente sols au Sous-lieutenant, onze sols quatre deniers à chacun des trois Sergens, neuf sols au Fourrier, sept sols huit deniers à chacun des six Caporaux, six sols huit deniers à chacun des six Anspessades, & cinq sols huit deniers à chacun des cinquante-quatre Fusiliers & au Tambour.

Le Capitaine recevra de plus sept payes de gratification de cinq sols huit deniers chacune, sa compagnie étant complète à soixante-onze hommes, cinq de soixante-neuf à soixante-dix, trois à soixante-sept & soixante-huit, & aucune au dessous dudit nombre de soixante-sept.

Compagnies de Dragons. Chacune des huit compagnies de Dragons, composée d'un Capitaine, un Lieutenant, un Cornette, un Maréchal-des-logis, un Fourrier, deux Brigadiers, trente-six Dragons & un Tambour; à raison par jour, de six livres au Capitaine, cinquante sols au Lieutenant, quarante sols au Cornette, vingt-six sols huit deniers au Maréchal-des-logis, dix sols six deniers au Fourrier, huit sols à chacun des deux Brigadiers, & sept sols à chacun des trente-six Dragons & au Tambour.

État-major. L'État-major de chacun des cinq régimens des Volontaires de Flandre, du Haynault, du Dauphiné, de Clermont & d'Auftrafie, fera payé à raifon par jour, de feize livres treize fols quatre deniers au Colonel, dix livres au Lieutenant-colonel, qui ne doivent point avoir de compagnie; fix livres au Major, trois livres fix fols huit deniers à l'Aide-major d'Infanterie, quatre livres à l'Aide-major de Dragons, trente fols à l'Aumônier, & trente fols au Chirurgien.

Sa Majefté ayant réglé que le premier Capitaine d'Infanterie de chacun de ces cinq régimens auroit le commandement de toute l'Infanterie du Corps, avec le rang de Commandant de bataillon, il lui fera payé, en ladite qualité, trente-fix fols huit deniers par jour, indépendamment de fon traitement de Capitaine. *Commandant de bataillon.*

LES régimens des Volontaires d'Alface & des Volontaires-Liégeois, feront payés, jufqu'au jour de leur incorporation, conformément à ce qui eft réglé par les ordonnances de folde des 1.er avril & 1.er juillet 1759. *RÉGIMENS des Volontaires d'Alface & des Volontaires-Liégeois.*

Sa Majefté ayant bien voulu conferver au fieur de Romé, ci-devant Lieutenant-colonel du régiment des Volontaires-Liégeois, les mêmes appointemens qu'il avoit en ladite qualité, en l'entretenant Lieutenant-colonel réformé à la fuite des Corps de Troupes légères, il fera payé fur le pied de dix livres par jour, jufqu'à ce qu'il foit pourvû de la première place de Lieutenant-colonel qui viendra à vaquer dans l'un defdits cinq régimens. *Le fieur de Romé.*

Ceux des Capitaines en fecond qui, après cette nouvelle compofition, fe font trouvés fans emploi, & que Sa Majefté a jugé à propos d'entretenir en qualité de Capitaines réformés à la fuite des corps de Troupes légères, continueront de jouir des mêmes appointemens *Capitaines en fecond entretenus réformés jufqu'à leur remplacement.*

qu'ils avoient; jufqu'à ce qu'ils foient remplacés à des compagnies lorfqu'il en vaquera.

Supplément d'appointemens au fieur de Lancize.

Le fieur de Lancize, qui a rang de Lieutenant-colonel & qui commande l'Infanterie dans le régiment des Volontaires du Dauphiné, continuera de recevoir, outre fes appointemens de Capitaine & de Commandant de l'Infanterie, trente-trois fols quatre deniers par jour, lequel traitement lui étant perfonnel, n'aura point lieu pour ceux qui lui fuccéderont.

LÉGION-ROYALE. Compofition.

SA MAJESTÉ n'ayant fait aucun changement dans la Légion-royale, portée par ordonnance du 10 février 1759, à dix-huit cens hommes en dix-fept compagnies, dont deux de Grenadiers de quarante-cinq hommes, douze de cent vingt-cinq hommes, dont foixante-quinze à pied, & cinquante Dragons montés, deux compagnies de Huffards de foixante-quinze hommes, & une d'Ouvriers de foixante, elle continuera d'être payée, favoir;

Compagnie de Grenadiers.

Chacune des deux compagnies de Grenadiers, fur le pied par jour, de cinq livres au Capitaine, dont vingt fols de fupplément; cinquante fols au Lieutenant, quarante fols au Lieutenant en fecond, douze fols quatre deniers à chacun des deux Sergens, huit fols huit deniers à chacun des trois Caporaux, fept fols huit deniers à chacun des trois Anfpeffades, fix fols huit deniers à chacun des trente-fix Grenadiers & au Tambour; &

Payes de gratification.

pareils fix fols huit deniers pour chacune des cinq payes de gratification, dont deux de fupplément, que le Capitaine recevra par jour, fa compagnie étant complète de quarante-cinq hommes, & rien au deffous dudit nombre.

Compagnies de cent vingt-cinq hommes, dont

Chacune des douze compagnies de cent vingt-cinq hommes, dont foixante-quinze d'Infanterie & cinquante de Dragons, sera payée à raison par jour, de six livres au Capitaine titulaire; & pour la partie de l'Infanterie, de cinquante-six sols huit deniers au Capitaine en second, dont six sols huit deniers de supplément; quarante sols au Lieutenant, dont cinq de supplément; trente sols au Lieutenant en second, onze sols quatre deniers à chacun des quatre Sergens, sept sols huit deniers à chacun des six Caporaux, six sols huit deniers à chacun des six Anspessades, & cinq sols huit deniers à chacun des cinquante-huit Fusiliers & au Tambour.

Le Capitaine titulaire recevra en outre neuf payes de gratification de cinq sols huit deniers chacune, pour sa compagnie d'Infanterie, lorsqu'elle sera complète de soixante-quinze hommes, six à soixante-quatorze, trois à soixante-douze & soixante-treize, deux à soixante-onze, une à soixante-dix, & rien au dessous dudit nombre de soixante-dix hommes.

Et pour la partie de Dragons, il sera payé au Capi- taine en second trois livres six sols huit deniers, dont six sols huit deniers de supplément, cinquante sols au Lieutenant, dont dix sols de supplément; quarante sols au Lieutenant en second, vingt-six sols huit deniers au Maréchal-des-logis, dix sols six deniers au Fourrier établi par ordonnance du premier novembre 1758, huit sols à chacun des trois Brigadiers, & sept sols à chacun des quarante-cinq Dragons & un Tambour.

Chacune des deux compagnies de Hussards, sera payée à raison par jour, de six livres au Capitaine, trois livres au premier Lieutenant, cinquante sols au second Lieutenant, quarante-cinq sols au Cornette, vingt-six sols huit deniers à chacun des deux Maréchaux-des-logis, douze fols au Fourrier, neuf fols à chacun des fix Brigadiers; & fept fols à chacun des foixante-fept Huffards & un Trompette.

Compagnie d'Ouvriers. La compagnie d'Ouvriers de foixante hommes, fera payée à raifon par jour, de quatre livres au Capitaine, quarante fols au Lieutenant, trente fols au Lieutenant en fecond, vingt-cinq fols au Sous-lieutenant, feize fols quatre deniers à chacun des trois Sergens, quatorze fols quatre deniers à chacun des trois Maîtres-ouvriers, douze fols deux deniers à chacun des trois Sous-maîtres, dix fols deux deniers à chacun des vingt-un Charpentiers, & huit fols deux deniers à chacun des trente Apprentifs, y compris le Tambour.

Payes de gratification. Le Capitaine recevra de plus fix payes de gratification de huit fols deux deniers chacune, fa compagnie étant complète de foixante hommes, trois à cinquante-neuf, une à cinquante-huit, & rien au deffous dudit nombre de cinquante-huit hommes.

Charretier. Il fera payé vingt fols par jour au Charretier attaché à ladite compagnie, pour conduire le Caiffon deftiné à porter les outils & munitions, lequel Caiffon fera attelé de trois chevaux à chacun defquels il fera fourni une ration de fourrages.

État-major. L'État-major de la Légion-royale, fera payé fur le pied par jour, de feize livres treize fols quatre deniers au Colonel-commandant, onze livres deux fols deux deniers deux tiers au Colonel-commandant en fecond, établi par ordonnance du 3 mai 1759, tant pour leurs appoinment en leurdite qualité, qu'en celle de Capitaine, ne devant point avoir de compagnie; quatre livres au Lieutenant-colonel, établi par la même ordonnance du 3 mai

1759, indépendamment de ſes appointemens de Capitaine; ſix livres au Major, trois livres ſix ſols huit deniers
à chacun des deux Aides-majors d'Infanterie, dont ſix
ſols huit deniers de ſupplément; quatre livres à chacun
des deux Aides-majors de Dragons, trente ſols à chacun
des Aumônier & Chirurgien, & vingt ſols à chacun des
Aide-chirurgien & Prevôt.

LE régiment Royal-Cantabres, compoſé par ordon- *RÉGIMENT ROYAL-CANTABRES.*
nance du 13 janvier 1759, d'un bataillon de ſix cens
quatre hommes, en neuf compagnies, dont une de
Grenadiers de cinquante-ſix hommes, & huit de Fuſiliers
de ſoixante-huit hommes chacune, ſera payé ſur le pied
par jour, ſavoir;

La compagnie de Grenadiers, de ſix livres au Capi- *Compagnie de Grenadiers.*
taine, quarante ſols au Lieutenant, trente-trois ſols quatre
deniers au Lieutenant en ſecond, douze ſols quatre deniers à chacun des deux Sergens, onze ſols deux deniers
au Fourrier, dix ſols deux deniers au Capitaine d'armes,
huit ſols huit deniers à chacun des quatre Caporaux, ſept
ſols huit deniers à chacun des quatre Anſpeſſades, & ſix
ſols huit deniers à chacun des quarante-trois Grenadiers
& un Tambour.

Le Capitaine recevra de plus ſix payes de gratification
de ſix ſols huit deniers chacune, ſa compagnie devant
être toûjours complète, en exécution de l'ordonnance
du 22 octobre 1758.

Chaque compagnie de ſoixante-huit hommes, à raiſon *Compagnies de ſoixante-huit hommes.*
de cinq livres au Capitaine en pied, dont trente-trois
ſols quatre deniers de ſupplément; quarante ſols au Lieutenant, dont cinq ſols de ſupplément; trente-trois ſols
quatre deniers au Lieutenant en ſecond, dont trois ſols

quatre deniers de supplément ; onze sols quatre deniers à chacun des trois Sergens, dix sols deux deniers au Fourrier, neuf sols deux deniers au Capitaine d'armes, sept sols huit deniers à chacun des quatre Caporaux, six sols huit deniers à chacun des quatre Anspessades, & cinq sols huit deniers à chacun des cinquante-quatre Fusiliers & un Tambour.

Payes de gratification. Le Capitaine, outre ses appointemens, recevra sept payes de gratification de cinq sols huit deniers chacune, sa compagnie étant complète de soixante-huit hommes, cinq à soixante-six, trois à soixante-quatre, une à soixante-deux, & rien au dessous dudit nombre de soixante-deux hommes.

L'intention de Sa Majesté étant que les Caporaux des compagnies des Fusiliers dudit régiment jouissent de sept sols huit deniers par jour, ainsi qu'il est réglé par la présente ordonnance, Elle ordonne qu'il leur soit fait un décompte de six deniers de supplément pour le temps qu'ils n'ont été payés que sur le pied de sept sols deux deniers.

Les quatre Capitaines en second, qui, par la nouvelle composition de ce régiment, se sont trouvés d'excédant, seront employés en leurdite qualité aux quatre premières compagnies de Fusiliers, & seront payés de leurs appointemens, sur le pied de cinquante-six sols huit deniers par jour, jusqu'à ce qu'ils soient pourvûs de compagnies.

État-major. L'État-major de ce régiment, sera payé sur le pied par jour, de seize livres treize sols quatre deniers au Colonel-lieutenant, dix livres au Lieutenant-colonel qui n'ont point de compagnie, six livres au Major, trois livres six sols huit deniers à l'Aide-major, y compris six sols huit deniers de supplément ; trente sols à l'Aumônier, vingt

sols

fols au Chirurgien, & douze fols à chacun des quatre Tambourins.

LE Corps des Chaſſeurs de Fiſcher, compoſé de douze cens hommes, en conséquence de l'ordonnance du 8 juillet 1757, en ſeize compagnies, dont huit d'Infanterie de ſoixante-quinze hommes chacune, & huit de Cavalerie de même nombre, ſera payé ſur le pied par jour, ſavoir ; CORPS des CHASSEURS de FISCHER. Compoſition.

Chacune des compagnies d'Infanterie, de ſoixante-quinze hommes, à raiſon de cinquante-ſix ſols huit deniers au Capitaine en ſecond, dont ſix ſols huit deniers de ſupplément ; quarante ſols au premier Lieutenant, dont cinq ſols de ſupplément ; trente-trois ſols quatre deniers au ſecond Lieutenant, dont trois ſols quatre deniers de ſupplément ; vingt ſols à chacun des quatre Sergens, ſeize ſols à chacun des ſix Caporaux, quatorze ſols à chacun des ſix Anſpeſſades & des ſix Grenadiers, & dix ſols à chacun des cinquante-trois Chaſſeurs. Compagnies d'Infanterie de ſoixante - quinze hommes.

Sa Majeſté ayant établi, par ſon ordonnance du 22 novembre dernier, un Sous-lieutenant en chacune des huit compagnies de Fuſiliers dudit Corps, ſon intention eſt qu'il ſoit payé, à commencer du premier janvier dernier, ſur le pied de vingt-cinq ſols par jour, en paſſant préſent aux revûes des Commiſſaires des guerres. Sous-lieutenans.

Chacune des compagnies de Cavalerie, de ſoixante-quinze hommes, à raiſon de quatre livres au premier Capitaine en ſecond, dont treize ſols quatre deniers de ſupplément ; cinquante-ſix ſols huit deniers au ſecond Capitaine en ſecond, dont ſix ſols huit deniers de ſupplément ; cinquante ſols au premier Lieutenant, dont cinq ſols de ſupplément ; quarante ſols au ſecond Lieutenant, vingt-ſix ſols huit deniers à chacun des deux Compagnies de Cavalerie de ſoixante - quinze hommes.

G

Maréchaux-des-logis, feize fols à chacun des fix Brigadiers, & dix fols à chacun des foixante-neuf Chaffeurs.

Etat-major. L'État-major dudit Corps, fera payé fur le pied par jour, favoir ; de quinze livres au fieur Fifcher, tant en fa qualité de Commandant, que de Capitaine en premier des compagnies à pied & à cheval ; dix livres au Lieutenant-colonel, fix livres au Major, trois livres fix fols huit deniers à chacun des deux Aides-majors, trente fols à l'Aumônier, vingt fols au Chirurgien, & pareils vingt fols au Prevôt.

Surnuméraires. Les Surnuméraires que Sa Majefté a autorifé le fieur Fifcher d'admettre dans ledit Corps, par fon ordonnance particulière du 15 août 1757, continueront d'être payés de leur folde fur le pied de dix fols chacun par jour, fuivant les revûes des Commiffaires des guerres, en obfervant de ne point excéder le nombre de huit cens hommes fixé par ladite ordonnance, fans aucune haute-paye ni autre dépenfe pour Sa Majefté, tant qu'Elle jugera à propos de laiffer fubfifter lefdits Surnuméraires au-delà des douze cens hommes à quoi Elle a fixé ledit Corps par fon ordonnance du 8 juillet 1757.

Entend Sa Majefté qu'au moyen du traitement ci-deffus, le fieur Fifcher fera chargé de l'habillement, armement, équipement & entretien defdits Chaffeurs, tant à pied qu'à cheval.

Fusiliers de Montagne. Le Corps des Fufiliers de Montagne, compofé de cent vingt hommes, en trois compagnies de quarante hommes chacune, fera payé, favoir ;

Compagnies. Chaque compagnie fur le pied par jour, de quatre livres au Capitaine en premier, dont vingt fols de fupplément ; trois livres au Capitaine en fecond, dont dix fols de fupplément ; trente-trois fols quatre deniers au Lieutenant, y compris trois fols quatre deniers de fupplément; quinze fols quatre deniers à chacun des trois Brigadiers, onze fols deux deniers à chacun des trois Sous-brigadiers, & neuf fols deux deniers à chacun des trente-trois Fufiliers & au Tambour.

L'intention de Sa Majefté étant que les Brigadiers, Sous-brigadiers, Fufiliers & Tambour dudit Corps jouiffent de l'augmentation de linge & chauffure qu'Elle a accordée à fes Troupes d'Infanterie françoife, Elle entend que le décompte de cette augmentation leur foit fait, à compter du jour qu'elle a eu lieu, conformément à ce qui eft réglé ci-deffus.

Il fera retenu pour l'habillement, armement & équipement defdites trois compagnies, quatre fols par jour fur la folde de chaque Brigadier, trois fols fur celle de chaque Sous-brigadier, & deux fols fur celle de chaque Fufilier & Tambour : Mais comme cette retenue ne peut avoir lieu fur la folde que pour le nombre d'hommes dont les compagnies fe trouveront compofées aux revûes des Commiffaires des guerres, ce qui opéreroit un vuide au Capitaine dans les fonds deftinés aux réparations de fa troupe ; & Sa Majefté voulant y fuppléer, Elle veut bien prendre fur fon compte les deux fols affectés à l'habillement, équipement & armement de chacun des Fufiliers qui manqueront aux revûes, afin que cela compofe une fomme toûjours égale, fans avoir égard aux hommes qui pourroient manquer dans les compagnies, pour compofer à la fin de l'année une Maffe complète fur le pied ci-deffus, laquelle demeurera entre les mains du Tréforier général de l'Extraordinaire des guerres, pour être payée fur la main-levée d'un Infpecteur d'Infanterie; au moyen de quoi, chaque Capitaine fera chargé de l'entretien général de fa troupe.

État-major. L'État-major dudit Corps de Fufiliers de Montagne, fera payé à raifon par jour, de fix livres treize fols quatre deniers au Commandant, dont trente-trois fols quatre deniers de fupplément, tant pour fes appointemens en ladite qualité, que pour lui tenir lieu de ceux de Capitaine, ne devant être attaché à aucune compagnie; & trois livres fix fols huit deniers à l'Aide-major, y compris feize fols huit deniers de fupplément.

COMPAGNIE de FUSILIERS-GUIDES. LA compagnie de Fufiliers-guides, créée par ordonnance du 26 décembre 1756, compofée de vingt-cinq hommes, dont treize à pied & douze à cheval, fera payée à raifon par jour, de quatre livres au Capitaine, vingt-fept fols huit deniers au Lieutenant, vingt fols au Lieutenant en fecond, treize fols quatre deniers à chacun des deux Sergens, dont un à cheval; dix fols huit deniers à chacun des deux Caporaux, dont un à cheval; huit fols huit deniers à l'Anfpeffade, & fix fols huit deniers à chacun des vingt Fufiliers-guides, dont dix à cheval. Le Capitaine recevra de plus deux payes de *Payes de gratification.* gratification de fix fols huit deniers chacune, la compagnie étant complète de vingt-cinq hommes.

COMPAGNIE FRANCHE de VOLONTAIRES. LA compagnie franche de Volontaires, créée par ordonnance du 12 décembre 1759, compofée de cent cinquante hommes, dont cent à pied & cinquante à cheval, fous la dénomination de Dragons, & commandée par le fieur de Cambefort, fera payée fur le pied par jour, de fix livres au Capitaine titulaire.

Infanterie. La partie d'Infanterie, compofée d'un Capitaine en second, d'un Lieutenant, un Sous-lieutenant; quatre Sergens, six Caporaux, six Anpessades, quatre-vingt-deux Fusiliers & deux Tambours, de trois livres six sols huit deniers au Capitaine en second, de quarante sols au Lieutenant, trente sols au Sous-lieutenant, onze sols quatre deniers à chacun des quatre Sergens, sept sols huit deniers à chacun des six Caporaux, six sols huit deniers à chacun des six Anspessades, & cinq sols huit deniers à chacun des quatre-vingt-quatre Fusiliers & Tambours.

La partie de Dragons, composée d'un Lieutenant, *Dragons.* un Sous-lieutenant, deux Maréchaux-des-logis, deux Brigadiers, quarante-sept Dragons & un Tambour, de cinquante sols au Lieutenant, quarante sols au Sous-lieutenant, vingt-six sols huit deniers à chacun des deux Maréchaux-des-logis, huit sols à chacun des deux Briga-diers, & sept sols à chacun des quarante-sept Dragons & au Tambour.

Entend Sa Majesté que les appointemens des Officiers de ladite compagnie, ainsi que la solde des bas-Officiers, Soldats & Dragons, aient lieu, à commencer du premier janvier dernier, suivant les revûes des Commissaires des guerres; & que la Masse soit établie à commencer dudit jour premier janvier dernier.

Outre la solde ci-dessus réglée pour les régimens des *MASSE des* Volontaires de Flandre, du Haynault, de Dauphiné, de *Troupes légères.* Clermont & d'Austrasie, la Légion Royale, le régiment Royal-Cantabres, la compagnie de Fusiliers-guides & la Compagnie franche de Volontaires, il sera payé vingt-quatre deniers par jour pour chaque Sergent & Maître-ouvrier, dont quatre deniers d'augmentation; & douze deniers, dont deux d'augmentation, pour chaque Caporal,

Anspeffade, Grenadier, Fufilier, Ouvrier, Brigadier, Sous-brigadier, Volontaire, Cavalier, Dragon, Fufilier-guide à pied ou à cheval, Trompette, Timbalier & Tambour, pour former une Maffe toûjours complète par année, laquelle reftera entre les mains du Tréforier général de l'Extraordinaire des guerres, pour être délivrée & employée, comme il eft réglé à l'article de la Maffe de l'Infanterie françoife; Sa Majefté voulant que ladite Maffe ait lieu au complet, ainfi qu'elle eft fixée ci-deffus, pour tous lefdits Corps.

Gratifications attachées aux charges. Sa Majefté ayant bien voulu accorder des gratifications attachées aux charges, aux Lieutenans-colonels, Majors & Aides-majors de plufieurs defdits régimens de Troupes légères, ils en feront payés fuivant les ordres particuliers qu'Elle en fera expédier chaque année.

Entend Sa Majefté, que fur la paye des Sergens, Caporaux, Anfpeffades, Grenadiers, Fufiliers & Tambours, il en foit affecté à l'entretien du linge & chauffure, favoir; feize deniers pour chaque Sergent, dont quatre deniers de fupplément; & huit deniers auffi par jour, dont deux deniers de fupplément, pour chaque Caporal, Anfpeffade, Grenadier, Fufilier & Tambour, tant des troupes d'Infanterie françoife & de la Milice, que des Troupes légères.

X.

INFANTERIE SUISSE ET GRISONNE.

Suisses & Grisons. LES cent trente-deux compagnies des onze régimens Suiffes & Grifons, y compris celui d'Eptingen, créé par ordonnance du 25 février 1758, formant vingt-deux bataillons, chaque bataillon de fix compagnies, à cent vingt hommes, les Officiers compris, feront payées fur le pied de feize livres par mois pour chaque homme & pour chacune des quarante payes de gratification, y compris cinq payes de premier fupplément, accordées par l'ordonnance du 6 décembre 1749; & huit payes de fecond fupplément, lefquelles quarante payes de gratification feront données au Capitaine de chaque compagnie, à tel nombre d'hommes qu'elle paffe aux revûes des Commiffaires des guerres.

Au moyen du traitement ci-deffus, chaque Capitaine doit avoir & entretenir dans fa compagnie, un Capitaine-lieutenant à cent vingt livres par mois, y compris vingt livres de fupplément; un Lieutenant à quatre-vingt-dix livres, y compris quinze livres de fupplément; un Sous-lieutenant à foixante livres, y compris dix livres de fupplément; un Enfeigne à cinquante livres, y compris trois livres de fupplément; deux Sergens à vingt-cinq livres chacun, un autre Sergent & un Fourrier à vingt livres chacun, un Porte-enfeigne & un Capitaine d'armes à dix-huit livres chacun, un Prevôt à quinze livres, quatre Caporaux, quatre Anfpeffades & cent Fufiliers, y compris les Tambours & Fifre : Voulant au furplus Sa Majefté, que dans les compagnies dont les Capitaines ne fervent point au Corps, le Capitaine-commandant reçoive cent trente livres par mois.

A l'égard des compagnies qui font compofées de deux demi-compagnies, Sa Majefté trouve bon que les Capitaines dont les compagnies feront ainfi couplées, y fervent alternativement pendant un an, & que celui des deux qui pourra s'abfenter, foit payé comme préfent.

Sa Majefté veut bien auffi que les Capitaines com-

Appointemens & folde.

Payes de gratification.

mandant les compagnies dont les Capitaines servent à d'autres emplois, s'absentent alternativement ; mais Elle ordonne que pendant l'année de leur absence, ils ne reçoivent que cinquante livres par mois, au lieu de cent trente livres qu'ils ont pendant l'année de leur service.

État-major. L'État-major de chacun desdits régimens Suisses & Grisons, sera payé sur le pied de mille livres par mois dans le lieu où la compagnie Colonelle se trouvera.

Retenue pour l'absence des Officiers Suisses & Grisons. S'il arrive qu'un Officier des compagnies des régimens Suisses & Grisons, s'absente sans congé, ou qu'il outre-passe celui qui lui aura été accordé, il sera retenu sur la solde de ladite compagnie, indépendamment de la paye personnelle de l'Officier, huit payes par mois pour l'absence du Capitaine titulaire, Capitaine-commandant & Capitaine-lieutenant ; six payes pour celle du Lieutenant, quatre pour celle du Sous-lieutenant, & trois pour celle de l'Enseigne, pendant le temps que l'absence de l'Officier aura duré.

Anciens Commandans des troisièmes bataillons. Sa Majesté ayant jugé à propos, pour le bien de son service, de mettre par son ordonnance du premier avril 1756, les dix anciens régimens Suisses & Grisons à deux bataillons de six compagnies, au lieu de trois bataillons de quatre compagnies, dont ils étoient chacun composés ; son intention est que les Officiers qui commandoient les troisièmes bataillons desdits régimens Suisses & Grisons, conservent les prérogatives qui étoient attachées à leur emploi, tant qu'ils ne se trouveront pas pourvûs d'un grade supérieur.

Paye de guerre aux régimens Suisses & Grisons qui servent dans les armées. A l'égard des régimens Suisses & Grisons qui servent dans les armées, auxquels Sa Majesté a bien voulu accorder la paye de guerre, en conséquence des ordonnances particulières

culières qu'Elle a fait expédier à ce sujet, son intention est que cette paye leur soit continuée jusqu'à ce qu'Elle en ordonne autrement, sur le pied de dix-sept livres huit sols par homme, par mois, pour les cent vingt hommes dont chaque compagnie est composée, y compris les Officiers, & des quarante payes de gratification attribuées au Capitaine, à tel nombre que sa compagnie passe aux revûes des Commissaires des guerres, au lieu de seize livres qu'ils ont en temps de paix, en entretenant les mêmes Officiers par compagnie, aux appointemens ci-dessus expliqués; & l'État-major de chacun desdits régimens, qui sont à la solde de guerre, sera payé à raison de dix-neuf cens soixante livres huit sols par mois, au lieu de mille livres qu'il reçoit sur le pied de paix.

Les gratifications attachées aux charges, que Sa Majesté a bien voulu accorder en augmentation de traitement au Lieutenant-colonel commandant de bataillon, Capitaine commandant les compagnies au lieu & place des Titulaires, & aux Aides-majors de chacun des régimens Suisses & Grisons, seront payées suivant les ordres particuliers que Sa Majesté en fera expédier tous les ans, à raison de quatre cens livres d'augmentation à chaque Lieutenant-colonel à celle de six cens livres dont il jouissoit, pour lui faire mille livres; six cens livres à chaque Commandant de bataillon, quatre cens livres à chaque Capitaine-commandant, & deux cens livres à chaque Aide-major.

Gratifications attachées aux charges.

X I.

INFANTERIE ÉTRANGÉRE.

SA MAJESTÉ ayant jugé à propos, par son ordonnance

H

du 18 janvier dernier, de faire plusieurs changemens dans la composition & la solde des régimens d'Infanterie allemande qui sont à son service, Elle a ordonné que les régimens d'Alsace, d'Anhalt, la Marck, Royal-Suédois, Royal-Bavière, Nassau & Royal-Deux-Ponts, seroient conservés sur pied ; & que les régimens de Lowendal, Bergh, Saint-Germain, la Dauphine & celui de Royal-Pologne, seroient supprimés & incorporés, savoir ; le régiment de Bergh dans celui d'Alsace, le premier bataillon du régiment de Lowendal dans celui d'Anhalt, le second bataillon du même régiment dans celui de la Marck, le régiment de Royal-Pologne dans celui de Royal-Suédois, le régiment de la Dauphine dans celui de Royal-Bavière, & le régiment de Saint-Germain dans celui de Nassau. Au moyen de cette incorporation, le régiment d'Alsace sera composé au premier mars prochain de quatre bataillons, & chacun des régimens d'Anhalt, la Marck, Royal-Suédois, Royal-Bavière & Nassau, de trois bataillons, & le régiment Royal-Deux-Ponts réduit à trois bataillons, de la même composition que ceux des autres régimens.

Chaque bataillon desdits régimens, sera composé de neuf compagnies, dont une de Grenadiers de cinquante-deux hommes, & huit de Fusiliers de soixante - dix-neuf hommes. En conséquence de cet arrangement, tous les régimens ci-dessus, tant conservés que supprimés, seront payés de leur solde jusqu'au dernier février 1760, sur le pied de leur ancienne composition, conformément à ce qui est réglé par l'ordonnance de solde des Troupes du premier avril 1759.

Et à commencer du 1.er mars suivant, jour de leur

nouvelle compofition, ils feront payés, favoir; chaque compagnie de Grenadiers, compofée d'un Capitaine, un Lieutenant, un Sous-lieutenant, deux Sergens, un Four-rier, quatre Caporaux, deux Appointés, quarante-deux Grenadiers & un Tambour, fur le pied par jour, de fix livres au Capitaine, cinquante-trois fols quatre deniers au Lieutenant, quarante fols au Sous-lieutenant, vingt fols au premier Sergent, treize fols au fecond Sergent, dix fols au Fourrier, huit fols à chacun des quatre Caporaux, fept fols fix deniers à chacun des deux Appointés, fix fols fix deniers à chacun des quarante-deux Grenadiers, & huit fols au Tambour. *Compagnies de Grenadiers.*

Chaque compagnie de Fufiliers, compofée d'un Capi-taine, un Lieutenant, un Sous-lieutenant, quatre Sergens, un Fourrier, huit Caporaux, quatre Appointés, foixante Fufiliers & deux Tambours, fur le pied par jour, favoir; *Compagnies de Fufiliers.*

Aux Capitaines des deux premières compagnies, cinq livres fix fols huit deniers chacun.

Aux Capitaines des deux compagnies qui fuivent par leur rang, cinq livres chacun.

Aux Capitaines des quatre dernières compagnies, quatre livres treize fols quatre deniers à chacun.

A chaque Lieutenant, cinquante fols.

A chaque Sous-lieutenant, trente-trois fols quatre deniers.

A l'égard des Sergens, Caporaux, Appointés, Fufiliers & Tambours defdites compagnies de Fufiliers, ils feront payés fur le pied par jour, de vingt fols au premier Ser-gent, douze fols à chacun des trois autres, neuf fols au Fourrier, fept fols à chacun des huit Caporaux, fix fols fix deniers à chacun des quatre Appointés, cinq fols fix deniers à chacun des foixante Fufiliers, & fept fols à chacun des deux Tambours.

L'intention de Sa Majefté eft que les Commandans de bataillon foient compris, pour leurs appointemens de Capitaine, dans la claffe des premiers Capitaines; mais les Colonels, les Colonels-commandans & les Lieutenans-colonels ne feront compris pour leurs appointemens de Capitaine que dans la claffe des derniers.

Capitaines-lieutenans. Sa Majefté ayant établi dans chacune des compagnies Colonelle, Colonelle-commandante, Lieutenante-colonelle & Commandante de bataillon, un Capitaine-lieutenant, pour fuppléer au fervice de ces Officiers fupérieurs, il fera payé à raifon de quatre livres par jour, & aura le rang & les prérogatives de Capitaine en pied.

Enfeignes. Les deux Enfeignes par bataillon, établis pour porter les drapeaux, feront payés à raifon de vingt-fix fols huit deniers chacun par jour.

État-major du régiment d'Alface. L'État-major du régiment d'Alface, compofé d'un Colonel, lequel ne doit point jouir d'appointemens, un Colonel en fecond, un Colonel-commandant, un Lieutenant-colonel, trois Commandans de bataillon, un Major, quatre Aides-major, quatre Sous-aides-major, deux Interprètes, un Aumônier, un Chirurgien, un Auditeur, un Prevôt, un Greffier, un Tambour-major, deux Archers & un Exécuteur, fera payé à raifon par jour, de trente-trois livres fix fols huit deniers au Colonel en fecond, qui en jouira jufqu'à ce qu'il plaife à Sa Majefté d'en faire jouir le Colonel titulaire; feize livres treize fols quatre deniers au Colonel-commandant, huit livres fix fols huit deniers au Lieutenant-colonel, quarante fols à chaque Commandant de bataillon, indépendamment de leur traitement de Capitaine; dix livres au Major, quatre livre à chaque Aide-major, trois livres six fols huit deniers à chacun des Sous-aides-major, trois livres six fols huit deniers à chacun des premier & fecond Interprètes, trente fols à l'Aumônier, trente-trois fols quatre deniers au Chirurgien, pareils trente-trois fols quatre deniers à l'Auditeur, vingt-fix fols huit deniers au Prevôt, treize fols quatre deniers au Greffier, pareils treize fols quatre deniers au Tambour-major, & douze fols à chacun des deux Archers & à l'Exécuteur.

L'État-major de chacun des régimens d'Anhalt, la Marck, Royal-Suédois, Royal-Bavière & Naffau, compofé d'un Colonel, un Colonel-commandant, un Lieutenant-colonel, deux Commandans de bataillon, un Major, trois Aides-major, trois Sous-aides-major, deux Interprètes, un Aumônier, un Chirurgien, un Auditeur, un Prevôt, un Greffier, un Tambour-major, deux Archers & un Exécuteur, fera payé par jour fur le pied ci-deffus réglé pour les Officiers de l'État-major du régiment d'Alface.

États-majors des régimens d'Anhalt, la Marck, Royal-Suédois, Royal-Bavière & Naffau.

L'État-major du régiment Royal-Deux-Ponts, compofé d'un Colonel-lieutenant, un Colonel-commandant, un Lieutenant-colonel, deux Commandans de bataillon, un Major, trois Aides-major, trois Sous-aides-major, un Interprète, un Aumônier, un Chirurgien, un Auditeur, un Prevôt, un Greffier, un Tambour-major, deux Archers & un Exécuteur, fera auffi payé par jour fur le pied réglé ci-deffus pour les Officiers de l'État-major du régiment d'Alface.

État-major du régiment Royal-Deux-Ponts.

Les Colonels des régimens incorporés, entretenus en qualité de Colonels réformés à la fuite des régimens dans lefquels ceux qu'ils commandoient ont été incorporés,

feront payés fur le pied par mois, de mille livres aux
fieurs Comtes de Saint-Germain & de Lowendal, & de
cinq cens foixante livres aux fieurs Comtes de Lewenhaupt
& de Bergh, jufqu'à ce qu'ils foient remplacés.

Sa Majefté ayant bien voulu continuer aux Lieutenans-
colonels & Commandans de bataillon des régimens incorporés, entretenus réformés à la fuite des régimens dans
lefquels ceux où ils fervoient font incorporés, les mêmes
appointemens dont ils jouiffoient jufqu'à leur remplacement, ils feront payés par mois, favoir;

Le fieur Gelb, Lieutenant-colonel du régiment de
Saint-Germain, incorporé dans celui de Naffau, fur le
pied de deux cens quatre-vingts livres par mois, dont
cent trente livres comme Capitaine, & cent cinquante
livres comme Lieutenant-colonel.

Et le Commandant du fecond bataillon du régiment
de Lowendal, fur le pied de deux cens dix livres auffi
par mois, dont cent cinquante livres comme Capitaine,
& foixante livres comme Commandant de bataillon.

Les Capitaines réformés à la fuite des compagnies
auxquelles ils étoient attachés avant l'incorporation, feront
payés de leurs appointemens, fur le pied de quatre-vingt-
dix livres par mois.

Les Lieutenans réformés, qui étoient Lieutenans en
fecond avant l'incorporation, feront payés de leurs appointemens, fur le pied de cinquante livres par mois.

L'intention de Sa Majefté étant qu'il foit entretenu à
la fuite de chacun de ces régimens un Capitaine, un
Lieutenant, un Sous-lieutenant, quatre Sergens & huit
Caporaux furnuméraires, fans être attachés à aucune
compagnie, devant être uniquement employés au travail

des recrues, ils feront payés fur le pied par jour, de quatre livres fix fols huit deniers au Capitaine, cinquante fols au Lieutenant, trente-trois fols quatre deniers au Sous-lieutenant, vingt fols à chacun des quatre Sergens, & quinze fols à chacun des huit Caporaux.

Outre la folde ci-deffus réglée pour les régimens d'Infanterie allemande, il fera payé, à titre de Maffe, quatre livres dix fols par homme par mois, fur le pied complet de chaque compagnie, à tel nombre qu'elle paffe aux revûes des Commiffaires des guerres, & pour chacun des quatre Sergens & huit Caporaux furnuméraires, employés pour les Recrues dans chaque régiment, dont trente fols feront uniquement affectés à l'entretien du Soldat, & les trois livres reftant, feront affectées particulièrement à l'habillement, l'équipement & l'armement. Les Commandans des Corps feront refponfables de cette Maffe, dont la propriété appartiendra au Capitaine; & s'il arrivoit que par un défaut d'économie elle ne fuffit pas, le Capitaine fera obligé d'y fuppléer, même avec fes appointemens, l'intention de Sa Majefté étant que les Commandans des Corps répondent perfonnellement des dettes qui feront contractées relativement à cet objet. Si au contraire il y a du revenant-bon, il appartiendra au Capitaine; & fur le compte qui en fera rendu à l'Infpecteur, il en ordonnera la main-levée au profit du Capitaine, après cependant que chaque régiment aura une année de Maffe en caiffe. *Maffe pour l'habillement.*

Il fera pareillement payé tous les mois cent foixante-fix livres treize fols quatre deniers pour chacune des compagnies de Grenadiers & de Fufiliers, dont il fera fait une Maffe, pour fervir, tant à la levée des recrues, *Maffe pour les Recrues.*

que pour le rengagement des anciens Soldats ; laquelle Maſſe ſera payée, avec la ſolde, ainſi que la Maſſe de l'habillement.

Il ſera payé de plus à la fin de chaque mois, par forme de gratification, à chaque Capitaine vingt ſols par homme, ſur le pied complet, à tel nombre que ſe trouve ſa compagnie à la revûe ; au moyen de laquelle ſomme, le Capitaine ſera chargé de la réparation des armes, de fournir de poudre à poudrer, de craie, &c. & de payer le Chirurgien de la compagnie, Sa Majeſté voulant bien que ce Chirurgien ſoit compris dans le nombre des Soldats.

Sa Majeſté voulant que le travail des Recrues en commun ne diſpenſe pas les Capitaines de faire des recrues par eux - mêmes, ſon intention eſt que les hommes qu'ils feront leur ſoient payés ſur l'ordre du Commandant du Corps, des fonds deſtinés aux recrues, & qu'il ſoit payé le 1.ᵉʳ janvier de chaque année à chaque Capitaine, une gratification de vingt livres pour chaque ancien Soldat qu'il aura rengagé par lui-même, & de dix livres pour chaque homme de recrue qu'il aura fait auſſi lui-même ; laquelle gratification lui ſera payée par le Tréſorier, ſur le certificat du Commandant du Corps, viſé par l'Inſpecteur, qui en fera la vérification lors de ſa revûe.

A l'égard des Capitaines de Grenadiers, quoiqu'ils tirent leurs remplacemens des compagnies de Fuſiliers, Sa Majeſté leur fera payer le 1.ᵉʳ janvier de chaque année une gratification de trois cens livres.

Au moyen du traitement ci-deſſus réglé, il ne ſera payé aux régimens Allemands, ni argent d'étape aux recrues, ni payes de gratification, ni les gratifications dont

les

les Officiers fupérieurs jouiſſoient en vertu de leur charge; à la réſerve des Majors des régimens conſervés, qui continueront de jouir de la gratification annuelle attachée à leurs charges.

Le régiment de Bouillon, de deux bataillons, créé *Régimens de Bouillon, de Vierzet & d'Horion.* ſur le pied étranger; & ceux de Vierzet & d'Horion, d'Infanterie Liégeoiſe, auſſi de deux bataillons : chaque bataillon de ces régimens, compoſé de huit compagnies de quatre-vingt-cinq hommes, les Officiers non compris, ſeront payés ſur le pied de treize livres par mois pour chaque homme, & pour les payes de gratification qui leur ſont réglées.

Chacune des huit compagnies de chaque bataillon *Compagnies.* deſdits régimens, commandée par un Capitaine, un Capitaine en ſecond, un premier Lieutenant, un ſecond Lieutenant, & un Lieutenant en ſecond qui, dans les deux premières compagnies de chaque bataillon tiendra lieu d'Enſeigne pour porter les drapeaux, ſera payée par mois, ſavoir;

A chacun des Capitaines des deux premières compagnies des bataillons colonels, autres que celles des Colonels & Lieutenans-colonels, ſur le pied de cent cinquante livres par mois, y compris ſoixante livres d'augmentation.

A chacun des deux Capitaines des deux compagnies qui ſuivent par leur rang, la ſomme de cent quarante livres, y compris cinquante livres d'augmentation.

Et à chacun des Capitaines des quatre autres compagnies, y compris celles des Colonels & Lieutenans-Colonels, à raiſon de cent trente livres par mois, dont quarante livres d'augmentation.

A l'égard des ſeconds bataillons, chacun des Capitaines

des deux premières compagnies, y compris le Commandant de bataillon, recevront cent cinquante livres d'appointemens par mois, dont soixante livres d'augmentation.

Chacun des deux Capitaines des deux compagnies qui suivent par leur rang, la somme de cent quarante livres, y compris cinquante livres d'augmentation.

Et chacun des Capitaines en pied des quatre autres compagnies, recevront cent trente livres par mois, dont quarante livres d'augmentation.

Quant aux autres Officiers desdites compagnies, ils seront payés sur le pied par mois, savoir; de cent vingt livres au Capitaine en second, y compris trente livres de supplément; de soixante-quinze livres au premier Lieutenant, y compris quinze livres de supplément; de soixante livres au second Lieutenant, y compris neuf livres de supplément; & de cinquante livres au Lieutenant en second, y compris deux livres de supplément.

Entend Sa Majesté qu'au moyen des treize livres par mois que le Capitaine recevra pour chacun des quatre-vingt-cinq hommes dont sa compagnie est composée, il entretiendra & payera un premier Sergent à treize sols par jour, deux autres à douze sols chacun, un Fourrier & un Capitaine d'armes à neuf sols chacun, un Fourrier-schutz à huit sols, trois Caporaux, un Charpentier de profession, & deux Tambours à sept sols, six Anspessades & six Grenadiers à six sols chacun, & soixante-un Fusiliers à cinq sols six deniers chacun.

Payes de gratification. Veut Sa Majesté que les Capitaines des régimens ci-dessus dénommés, reçoivent chacun, indépendamment de leurs appointemens, treize payes de gratification de

treize livres chacune par mois, dont deux de supplément, leur compagnie étant complète de quatre - vingt-
cinq hommes aux revûes qui en seront faites par les
Commissaires des guerres ; neuf à quatre-vingt-trois,
sept à quatre-vingt-un, cinq à quatre-vingt, & rien au
dessous dudit nombre de quatre-vingts hommes.

L'État-major de chacun desdits régimens sera payé sur *États-majors,*
le pied par mois, de cinq cens soixante livres au Colonel
(à l'exception de celui du régiment de Bouillon, qui
ne recevra que trois cens soixante livres) tant pour lui,
indépendamment de son traitement de Capitaine, que
pour l'entretien de l'Aumônier, du Chirurgien, de l'Auditeur, du Prevôt, du Greffier, du Tambour-major, des
deux Archers & de l'Exécuteur de justice ; de deux cens
livres au Colonel en second du régiment de Bouillon,
qui n'aura point de compagnie ; de cent cinquante livres,
aussi par mois, au Lieutenant-colonel de chacun desdits
régimens, outre son traitement de Capitaine ; deux cens
cinquante livres au Major, dont cinquante livres de supplément ; & cent vingt livres à l'Aide-major, dont trente
livres de supplément ; de cent livres à chaque Interprète :
A l'égard des Commandans des seconds bataillons, & les
Aides-majors, ils recevront, savoir ; le Commandant de
bataillon soixante livres, & l'Aide-major cent vingt livres,
y compris trente livres de supplément.

Le Colonel - commandant du régiment de Vierzet,
établi par ordonnance du 15 août 1759, & celui du
régiment d'Horion, aussi établi par ordonnance du 21
avril 1759, seront payés de leurs appointemens, sur le
pied de seize livres treize sols quatre deniers par jour, en
passant présens aux revûes des Commissaires des guerres ;

lefquels Colonels-commandans ne doivent point avoir de compagnie.

Paye de guerre. L'intention de Sa Majefté eft que ceux defdits régi-mens de Bouillon, de Vierzet & d'Horion qui fervent dans fes armées, auxquels Elle a bien voulu accorder la paye de guerre, en conféquence des ordonnances par-ticulières qu'Elle a fait expédier à ce fujet, continuent à recevoir cette paye, jufqu'à ce que Sa Majefté en ordonne autrement, fur le pied de quatorze livres dix fols par homme par mois, pour les quatre-vingt-cinq hommes dont chaque compagnie eft compofée, & des treize payes de gratification attribuées au Capitaine, au lieu de treize livres qu'ils reçoivent par mois, fur le pied de paix : A l'égard des États-majors defdits régimens, ils continue-ront d'être payés fur le même pied réglé ci-deffus.

Retenue à titre de Maffe fur la Solde des com-pagnies. Sa Majefté ayant établi une retenue de trois livres par homme par mois, à titre de Maffe, fur la paye de treize livres qu'Elle accorde en temps de paix aux régimens de Bouillon, Vierzet & d'Horion, à l'exception des payes de gratification que le Capitaine doit toucher en entier & fans aucune déduction; laquelle retenue doit être faite fur le pied du complet de chaque compagnie, à tel nombre d'hommes qu'elles paffent aux revûes des Commiffaires des guerres, & être employée fur la main-levée qui en fera donnée par les Infpecteurs, au payement de l'habille-ment, l'équipement, l'armement & la petite monture, fon intention eft que cette retenue continue d'avoir fon exé-cution fur ce pied pour les régimens qui font à la paye de paix.

A l'égard des régimens qui jouiffent préfentement de la paye de guerre, & de ceux qui en jouiront par la fuite, Sa Majefté veut & ordonne que la retenue de la Maffe foit portée à quatre livres dix fols par homme par mois, fur le pied du complet de chaque compagnie, à tel nombre qu'elles paffent aux revûes des Commiffaires des guerres, excepté les payes de gratification que le Capitaine doit toucher fur le pied de quatorze livres dix fols, fans aucune déduction ; & que l'emploi de cette retenue foit affecté au payement de l'habillement, l'équipement, l'armement & la petite monture, ainfi qu'il eft réglé par l'ordonnance du 30 décembre 1751 ; & que dans le cas où il fe trouvera de l'excédant, la remife en foit faite à chaque Capitaine, fur la main - levée de l'Infpecteur.

Les Officiers qui commandoient les bataillons réformés par les réductions ordonnées dans les régimens d'Infanterie allemande, les 10 & 28 décembre 1748, & premier février 1749, & qui ont paffé avec leur compagnie dans les bataillons reftés fur pied, en confervant le titre & le rang de Commandant de bataillon, continueront de jouir, indépendamment de leur traitement de Capitaine, des mêmes appointemens de foixante livres chacun par mois, qu'ils avoient en ladite qualité de Commandant de bataillon, jufqu'à ce qu'ils foient remplacés. *Appointemens confervés aux Commandans des bataillons qui ont été réformés en 1748. & 1749.*

Les Officiers réformés entretenus à la fuite defdits régimens, y feront payés fur le pied par mois, de cent livres au Colonel, quatre-vingt-trois livres fix fols huit deniers au Lieutenant-colonel, & cinquante livres au Capitaine; à l'exception cependant des Colonels & Lieutenans-colonels, auxquels il auroit été réglé des appointemens différens, dont ils continueront de jouir, en conféquence des ordres particuliers qui leur ont été expédiés. *Officiers réformés à la fuite des régimens Allemands.*

828

Les Officiers réformés qui sont entretenus dans les Places, ou qui composent les brigades desdits régimens Allemands, continueront de jouir, en conséquence de l'ordonnance du premier mai 1737 & de l'état y joint, savoir; les Capitaines de la première classe, de quatre-vingt-dix livres par mois, ceux de la seconde de soixante livres, ceux de la troisième de cinquante livres, & ceux de la quatrième de trente-sept livres dix sols; & les Lieutenans de la première classe de quarante-huit livres, ceux de la seconde de trente livres, & ceux de la troisième de vingt livres.

Les sieurs de Valbrun, commandant la brigade d'Alsace, & Commerfort, commandant celle de la Marck, continueront d'être payés sur le pied de quatre-vingt-dix livres par mois à chacun; & ceux qui les remplaceront dans le commandement desdites brigades, recevront le même traitement.

Le sieur de Lort, commandant la brigade à la paye françoise, recevra, suivant l'article VII de ladite ordonnance du premier mai 1737, vingt-cinq livres par mois en ladite qualité, outre les trente-sept livres dix sols à lui attribuées, aussi par mois, en celle de Capitaine.

LES régimens Royal-Italien & Royal-Corse, composés chacun de six cens quatre-vingt-cinq hommes en neuf compagnies, dont une de quarante-cinq Grenadiers, & huit de Fusiliers de quatre-vingts hommes, seront payés, savoir;

La compagnie de Grenadiers, composée d'un Capitaine, un Lieutenant, un Lieutenant en second, trois Sergens, trois Caporaux, cinq Anspessades, trente-trois Grenadiers & un Tambour, à raison de six livres treize sols quatre deniers par jour au Capitaine, dont treize sols quatre

deniers de supplément; trois livres six sols huit deniers
au Lieutenant, y compris deux sols huit deniers de supplément; deux livres au Lieutenant en second, dix-neuf
sols au premier Sergent, quinze sols à chacun des deux
autres, dix sols dix deniers à chaque Caporal, neuf sols
cinq deniers à chaque Anspessade, huit sols à chaque
Grenadier, & neuf sols cinq deniers au Tambour. Le
Capitaine recevra de plus huit payes de gratification de
huit sols chacune, dont deux de supplément, sa compagnie
étant complète de quarante-cinq hommes, & rien au
dessous dudit nombre.

Les huit compagnies de Fusiliers de chacun de ces *Compagnies*
deux régimens, seront payées, savoir; *de Fusiliers.*

Chacun des deux Capitaines des deux premières
compagnies, sur le pied par jour, de cinq livres seize sols
huit deniers, dont seize sols huit deniers de supplément.

Chacun des Capitaines des deux compagnies qui
suivent par leur rang, sur le pied par jour, de cinq
livres six sols huit deniers, dont six sols huit deniers de
supplément.

Et chacun des Capitaines des quatre dernières compagnies, sur le pied de cinq livres par jour.

Quant aux autres Officiers desdites compagnies de
Fusiliers, ils seront payés sur le pied par jour, de trois
livres six sols huit deniers au Capitaine en second, dont
six sols huit deniers de supplément; deux livres six sols
huit deniers au Lieutenant, dont six sols huit deniers
de supplément; trente-trois sols quatre deniers au Lieutenant en second, dont trois sols quatre deniers de supplément; dix-huit sols au premier Sergent, quatorze sols
à chacun des quatre autres, neuf sols dix deniers à

chacun des cinq Caporaux, huit sols cinq deniers à chacun des sept Anspessades, sept sols six deniers à chacun des quinze Appointés, sept sols à chacun des quarante-six Fusiliers, & huit sols cinq deniers à chacun des deux Tambours.

Payes de gratification.

Le Capitaine en pied recevra en outre douze payes de gratification de sept sols chacune, dont deux de supplément, sa compagnie étant complète de quatre-vingts hommes, huit à soixante-dix-huit, six à soixante-dix-sept, quatre à soixante-seize, deux à soixante-quinze, & rien au dessous dudit nombre de soixante-quinze hommes.

États-majors de Royal-Italien & de Royal-Corse.

L'État-major de chacun des régimens Royal-Italien & Royal-Corse, sera payé sur le pied par jour, de trente livres au Colonel, seize livres treize sols quatre deniers au Colonel-commandant du régiment Royal-Italien, établi par ordonnance du 29 juin 1759, lequel ne doit point avoir de compagnie; dix livres à celui du régiment Royal-Corse, établi par ordonnance du 9 du présent mois de février 1760, indépendamment de ses appointemens de Capitaine; douze livres au Lieutenant-colonel, tant pour leurs appointemens en leurdite qualité, qu'en celle de Capitaine, ne devant point avoir de compagnie; dix livres au Major, cinq livres à l'Interprète, quatre livres à l'Aide-major, trente sols au Maréchal-des-logis; quarante sols à l'Aumônier, quinze sols au Chirurgien, dix sols au Tambour-major, deux livres au Prevôt, vingt sols à son Lieutenant, douze sols six deniers au Greffier, & huit sols quatre deniers à chacun des cinq Archers & à l'Exécuteur de Justice.

Sa Majesté ayant jugé à propos de laisser une compagnie au Colonel-commandant du régiment Royal-Corse,

Corſe, ſon intention eſt que cette compagnie ſoit la première du régiment, & que cependant il ne reçoive que les appointemens de Capitaine, attribués à l'une des quatre dernières compagnies, qui ſont de cinq livres par jour.

Les deux derniers Capitaines qui, par la nouvelle compoſition du régiment Royal-Italien, ſe ſont trouvés ſans compagnie, & ont été attachés aux premières compagnies de Fuſiliers pour y tenir lieu de Capitaine en ſecond, continueront de recevoir chacun les cinq livres d'appointemens par jour dont ils jouiſſoient, & ce en attendant leur remplacement aux premières compagnies vacantes dans ledit régiment, auxquelles Sa Majeſté veut qu'ils ſoient nommés ſuivant leur rang, & de préférence aux autres Capitaines réformés. *Officiers réformés de Royal-Italien.*

Ceux des Capitaines en ſecond ou réformés, attachés actuellement au régiment Royal-Italien, qui ſe trouvent d'excédant au nombre de huit Capitaines en ſecond, réglé par l'ordonnance du 29 janvier 1757, & qui rempliſſent la troiſième place d'Officier aux compagnies des Fuſiliers, ſous le titre de ſecond Capitaine en ſecond, continueront de recevoir les trois livres d'appointemens chacun par jour; l'intention de Sa Majeſté n'étant point qu'ils participent à l'augmentation d'appointemens qu'Elle a réglée aux Capitaines en ſecond, ces places de ſeconds Capitaines en ſecond ne ſeront remplies, à meſure qu'elles deviendront vacantes, que par des Lieutenans aux appointemens de quarante-ſix ſols huit deniers.

Les Commandans des ſecond & troiſième bataillons réformés dudit régiment Royal-Italien, qui ont paſſé avec leurs compagnies dans le bataillon reſté ſur pied, *Commandans des ſecond & troiſième bataillons réformés de Royal-Italien.*

K

en confervant le titre & le rang de Commandant de bataillon, continueront de jouir, indépendamment de leurs appointemens de Capitaine, des quarante fols qu'ils avoient chacun par jour en ladite qualité de Commandant de bataillon, jufqu'à ce qu'ils foient nommés à une charge dont les appointemens ne feront pas inférieurs.

Officiers réformés de Royal-Italien & Royal-Corfe. Les Colonels & Lieutenans-colonels réformés à la fuite des régimens Royal-Italien & Royal-Corfe, feront payés des appointemens qui leur ont été réglés, en paffant préfens aux revûes, fur le pied par mois, de cent livres au Colonel, & de quatre-vingt-trois livres fix fols huit deniers au Lieutenant-colonel; à l'exception cependant des Colonels & Lieutenans-colonels, auxquels il a été réglé des appointemens différens, dont ils continueront de jouir en conféquence des ordres particuliers qui leur ont été expédiés; foixante livres à chaque Capitaine, & trente livres à chaque Lieutenant.

Retenue pour l'habillement de Royal-Italien & Royal-Corfe. Entend Sa Majefté que la retenue qui doit être faite de l'excédant de folde, pour tenir lieu de Maffe & fervir à l'habillement, équipement, linge & chauffure des Sergens, Caporaux, Anfpeffades, Grenadiers, Fufiliers & Tambours des régimens Royal-Italien & Royal-Corfe, refte entre les mains des Majors pour être remife aux Capitaines qui feront chargés à l'avenir dudit entretien, & le fonds de ladite retenue ne leur fera délivré qu'après que l'Infpecteur général aura conftaté les réparations néceffaires à leur troupe.

INFANTERIE IRLANDOISE & ÉCOSSOISE. LES régimens d'Infanterie Irlandoife de Bulkeley, Clare, Dillon, Rothe & Berwick; & ceux d'Infanterie Écoffoife de Royal-Écoffois & d'Ogilvy, compofés chacun d'un

bataillon de fept cens cinq hommes, en treize compagnies, dont une de Grenadiers de quarante-cinq hommes,
& douze de Fufiliers de cinquante-cinq hommes chacune,
feront payés, favoir ;

    La compagnie de Grenadiers, fur le pied par jour,
de fix livres treize fols quatre deniers au Capitaine, dont
treize fols quatre deniers de fupplément ; quatre livres
au Capitaine en fecond, dont treize fols quatre deniers
de fupplément ; trois livres dix fols au Lieutenant, trente-
fix fols huit deniers au Lieutenant en fecond, dont fix
fols huit deniers de fupplément ; vingt fols au premier
Sergent, feize fols au fecond, onze fols fix deniers à
chacun des trois Caporaux, dix fols fix deniers à chacun
des trois Anfpeffades, & neuf fols fix deniers à chacun
des trente-fix Grenadiers & au Tambour. Le Capitaine
recevra de plus cinq payes de gratification de neuf fols
fix deniers chacune, dont deux de fupplément, fa compagnie étant complète de quarante-cinq hommes, &
rien au deffous dudit nombre. *Compagnie de Grenadiers.*

    Les douze compagnies de Fufiliers de chacun defdits
régimens, feront payées, favoir ; *Compagnies de Fufiliers.*

    Aux trois Capitaines des trois premières compagnies,
fur le pied par jour, de cinq livres feize fols huit deniers,
dont feize fols huit deniers de fupplément.

    Chacun des Capitaines des trois compagnies qui fuivent
par leur rang, fur le pied par jour, de cinq livres fix fols
huit deniers, dont fix fols huit deniers de fupplément.

    Et chacun des Capitaines des fix dernières compagnies,
fur le pied par jour, de cinq livres.

    Quant aux autres Officiers defdites compagnies, ils
feront payés fur le pied par jour, de trois livres fix fols

K ij

huit deniers au Capitaine en fecond, quarante-fix fols huit deniers au Lieutenant, dont un fol huit deniers de fupplément; trente-trois fols quatre deniers au Lieutenant en fecond, dont trois fols quatre deniers de fupplément; dix-neuf fols au premier Sergent, quinze fols à chacun des deux autres, dix fols fix deniers à chacun des quatre Caporaux, neuf fols fix deniers à chacun des quatre Anfpeffades, & huit fols fix deniers à chacun des quarante-trois Fufiliers & au Tambour. Le Capitaine recevra de plus fept payes de gratification de huit fols fix deniers chacune, dont deux de fupplément, fa compagnie étant complète de cinquante-cinq hommes, quatre à cinquante-quatre, trois à cinquante-trois, une à cinquante-deux, & rien au deffous dudit nombre de cinquante-deux hommes.

Enfeignes.   Chacun des deux Enfeignes, pour porter les deux drapeaux qu'il y a dans chaque régiment, recevra fes appointemens à raifon de trente-fix fols par jour.

États-majors des régimens de Bulkeley, Clare, Dillon, Rothe, Berwick, Royal-Écoffois & Ogilvy.   L'État-major de chacun defdits régimens de Bulkeley, Clare, Dillon, Rothe, Berwick, Royal-Écoffois & Ogilvy, fera payé fur le pied par jour, de dix-huit livres fix fols huit deniers au Colonel, tant pour fes appointemens en ladite qualité, que pour lui tenir lieu de ceux de Capitaine, ne devant point avoir de compagnie, dans lefquels appointemens eft compris un fupplément de cinq livres feize fols huit deniers aux Colonels des régimens de Rothe & de Berwick ; onze livres dix-fept fols neuf deniers un tiers au Lieutenant-colonel de chacun defdits fept régimens, auffi fans compagnie, dont quatre livres douze fols neuf deniers un tiers à titre d'augmentation de traitement, indépendamment de la gratification attachée à la charge, dont il continuera de jouir; huit livres fix fols huit deniers au Major, dont trente-trois fols quatre deniers de fupplément; trois livres fix fols huit deniers à l'Aide-major, y compris fix fols huit deniers de fupplément; quarante fols à l'Aumônier, trente fols à chacun des Chirurgien & Maréchal-des-logis, cinq livres à l'Interprète de chacun defdits régimens, & pareilles cinq livres au fecond Interprète attaché au régiment Royal-Écoffois par l'article III de l'ordonnance du 20 décembre 1748, concernant l'incorporation du régiment d'Albanie.

La Prevôté qui eft en chacun defdits régimens de Rothe & de Berwick, fera payée fur le pied par jour, de vingt-fix fols huit deniers au Prevôt, treize fols quatre deniers à fon Lieutenant, huit fols quatre deniers au Greffier, cinq fols à chacun des cinq Archers & à l'Exécuteur de juftice.

Le Colonel de chacun des régimens de Bulkeley, Clare, Dillon, Royal-Écoffois & d'Ogilvy, continuera de jouir de la penfion de quatre mille fept cens livres par an, attachée à fa charge; & celui de chacun des régimens de Rothe & Berwick, continuera auffi de jouir de la penfion de mille livres par an attachée à fa charge; au moyen de quoi lefdits Colonels ne pourront rien retenir fur la folde & la Maffe des Sergens, Caporaux, Anfpeffades, Grenadiers, Soldats & Tambours, qui doivent recevoir leur paye entière, à la déduction feulement de ce qui fera mis à la Maffe pour leur habillement.

Sa Majefté ayant jugé à propos de nommer le fieur de Sheldon Colonel en fecond du régiment de Dillon, fon intention eft qu'il foit payé de fes appointemens en ladite qualité, sur le pied de six livres treize sols quatre deniers par jour.

Cadets. Sa Majesté ayant bien voulu permettre qu'il soit entretenu douze Cadets dans chacun desdits régimens Irlandois & Écossois, qui tiendront lieu de pareil nombre de Soldats, son intention est que lesdits Cadets reçoivent chacun un supplément de paye de quatre sols six deniers par jour, à compter de celui qu'ils passeront présens aux revûes des Commissaires des guerres.

Officiers réformés à la suite des régimens Irlandois & Écossois. Les Officiers réformés entretenus à la suite desdits régimens Irlandois & Écossois, y seront payés, en passant présens aux revûes, sur le pied par mois, de cent livres à chaque Colonel, quatre-vingt-trois livres six sols huit deniers à chaque Lieutenant-colonel, soixante-six livres treize sols quatre deniers à chaque Capitaine, & trente livres à chaque Lieutenant, indépendamment de ceux desdits Officiers réformés qui se trouveront encore employés à la suite des régimens Royal-Écossois & d'Ogilvy, provenant de l'incorporation qui y a été faite de celui d'Albanie, lesquels seront payés en passant présens aux revûes sur le pied réglé par les ordonnances des 20 décembre 1748 & premier février 1751, savoir; de cent cinquante livres par mois au Lieutenant-colonel, cent trente-cinq livres au Capitaine de Grenadiers, cent cinq livres à chaque Capitaine & au Major, quatre-vingt-deux livres dix sols à chaque Capitaine en second, quatre-vingt-dix livres au Lieutenant de Grenadiers, cinquante-deux livres dix sols à chaque Lieutenant, y compris l'Aide-major, & de quarante-cinq livres à chaque Lieutenant en second réformé : A l'égard des Colonels & Lieutenàns-colonels auxquels il auroit été réglé des appointemens différens de ceux ci-deſſus fixés; ils continueront d'en jouir, en conſéquence des ordres particuliers qui leur ont été expédiés.

X I I.

VEUT Sa Majeſté, par rapport aux gradations établies par la préſente ordonnance pour la fixation des appointemens des Capitaines, que chaque compagnie ſoit placée dans les bataillons des différens corps, ſuivant le rang qu'elle y doit tenir par l'ancienneté du Capitaine. Ordonne Sa Majeſté aux Commandans des corps, de tenir la main à ce que cette diſpoſition ſoit exactement remplie lors des mutations qui pourront arriver dans leurs régimens; en ſorte qu'à chaque revûe que les Commiſſaires des guerres en feront, toutes les compagnies ſe trouvent placées à leur rang.

Veut Sa Majeſté qu'il y ait toûjours en chaque compagnie de ſon Infanterie françoiſe & étrangère, dix outils propres à remuer la terre, que les Soldats de chaque chambrée porteront tour à tour avec leurs armes.

Les Ingénieurs auxquels Sa Majeſté a accordé des réformes, ſeront payés par le Tréſorier général de l'Artillerie & du Génie, ou par ſes Commis, dans les places de leur réſidence, en vertu des reliefs qui leur ſeront expédiés de ſix en ſix mois, ſur le pied de neuf cens livres par an à chaque Colonel, ſept cens livres à chaque Lieutenant-colonel, quatre cens cinquante livres à chaque Capitaine, & deux cens quarante livres à chaque Lieutenant.

A l'égard des Ingénieurs retirés du ſervice, auxquels Sa Majeſté a bien voulu en ſe retirant conſerver les réformes dont ils jouiſſoient, ils continueront d'être payés de six en six mois aux lieux qu'ils ont choisis pour leur résidence, par les Commis de l'Extraordinaire des guerres, en vertu des reliefs qui leur seront expédiés.

Sa Majesté trouve bon que les seize deniers par jour, accordés à chaque Sergent, & les huit deniers à chaque Caporal, Anspessade, Grenadier, Soldat & Tambour de son Infanterie françoise, pour s'entretenir de linge & de chaussure, leur soient continués pendant les marches dans les lieux où l'étape sera fournie, même aux trois cens quarante surnuméraires que Sa Majesté a bien voulu entretenir dans son régiment d'Infanterie, sur le pied de cinq en chacune des soixante-huit compagnies dont il est composé; & il sera payé un supplément de solde au Corps de l'Artillerie, & aux troupes d'Infanterie étrangère, sur le pied ci-après réglé, article XVII de la présente ordonnance.

X I I I.

G E N D A R M E R I E.

GARDES-DU-CORPS DU ROI. LES Officiers des quatre compagnies des Gardes-du-corps du Roi, servant à la Cornette, seront payés sur le pied, par jour, pour chaque compagnie, de six livres à chacun des trois Lieutenans, cinq livres à chacun des trois Enseignes, six livres cinq sols à l'Aide-major, dont vingt sols de supplément d'appointemens, & quarante-cinq sols pour tenir lieu de trois rations de fourrage par jour, à quinze sols chacune; cinq livres dix sols à chacun des treize Exempts, y compris le Sous-aide-major, établi par ordonnance du 9 juin 1745, dont vingt sols de supplément d'appointemens, & trente sols pour tenir lieu de deux rations de fourrage par jour à

quinze

quinze ſols chacune; trois livres à chacun des neuf Brigadiers, dont vingt ſols de ſupplément; cinquante-cinq ſols
à chacun des neuf Sous-brigadiers, dont vingt ſols de
ſupplément; cinquante-deux ſols à chacun des deux cens
quatre-vingt Gardes de la compagnie Écoſſoiſe, & à
chacun des deux cens quatre-vingt-deux Gardes de chacune des trois autres, dont dix-neuf ſols de ſupplément;
trente-trois ſols à chacun des ſix Trompettes & au
Timbalier, quarante ſols à l'Aumônier, & vingt ſols au
Chirurgien.

Veut Sa Majeſté que les retenues qu'il eſt d'uſage de
faire ſur la paye des Brigadiers, Sous-brigadiers, Porte-
étendards, Gardes, Trompettes & Timbaliers, demeurent
fixées, ainſi qu'elles l'étoient par le paſſé, en obſervant
toûjours que dans le nombre de ces retenues, il continuera d'en exiſter une de neuf ſols pour chaque ration
de fourrage qui leur ſeront fournies, & que la totalité des
retenues ſur la paye du Garde, n'excédera point la ſomme
de vingt-huit livres par mois, afin qu'il ait de net cinquante livres de paye auſſi par mois.

La compagnie des Grenadiers à cheval de Sa Majeſté, *Grenadiers*
portée, par ordonnance du 15 juillet 1759, de cent *a cheval.*
trente Grenadiers & quatre Tambours, à cent cinquante,
y compris les quatre Tambours, ſera payée, ſur le pied
par jour, de dix livres au Capitaine-lieutenant, ſept livres
cinq ſols à chacun des trois Lieutenans, dont vingt-cinq
ſols de ſupplément; cinq livres à chacun des quatre Sous-
lieutenans, y compris l'Aide-major, établi par ordonnance
particulière du 29 juillet 1755, dont vingt ſols de
ſupplément; trois livres quinze ſols à chacun des trois
Maréchaux-des-logis, dont quinze ſols de ſupplément;

L

quarante-cinq fols à chacun des fix Sergens, dont cinq
fols de fupplément; trente-fix fols à chacun des trois
Brigadiers, dont cinq fols de fupplément; trente-un fols
à chacun des fix Sous-brigadiers, dont cinq fols de fupplément; vingt-neuf fols à chacun des fix Appointés &
un Porte-étendard, dont cinq fols de fupplément; vingt-
fix fols à chacun des cent vingt-quatre Grenadiers &
quatre Tambours, dont cinq fols de fupplément; & quarante fols à l'Aumônier établi en ladite compagnie, par
ordonnance particulière du 9 février 1734.

L'intention de Sa Majefté eft qu'il foit délivré à
chacun des trois Lieutenans, quatre Sous-lieutenans, y
compris l'Aide-major & trois Maréchaux-des-logis, une
ration de fourrage par jour, en nature ou en argent, au
prix fixé pour les chevaux des Grenadiers, lorfque la compagnie aura la difpofition des fourrages, pour leur donner
moyen d'entretenir un cheval de monture, en obfervant
que dans le cas que ladite compagnie ferviroit dans les
armées, & que les Officiers auroient du fourrage, la
ration ci-deffus ne produira aucune augmentation fur le
nombre de rations attribuées à chacun fuivant fon grade.

Gendarmes & Chevaux-légers de la garde du Roi. Les grands Officiers des compagnies de Gendarmes &
des Chevaux-légers de la garde du Roi, & les cinquante
Gendarmes & cinquante Chevaux-légers, deux Trompettes & un Timbalier de chaque compagnie, fervant par
quartier près Sa Majefté, continueront à être payés fuivant
les états & ordres qui feront expédiés à cet effet.

Il fera payé trente fols par jour à chacun des fix
Brigadiers, fix Sous-brigadiers, cent trente-huit Gendarmes
& Chevaux-légers, & deux Trompettes, de chacune
defdites deux compagnies fervant à la Cornette; & vingt

fols à chacun des fept petits Officiers, auffi de chaque compagnie, favoir, un Aumônier, deux Fourriers, deux Chirurgiens, un Sellier & un Maréchal-ferrant.

Chacune des deux compagnies de Moufquetaires de la garde du Roi, fera payée à raifon de trente livres par jour au Capitaine-lieutenant, qui eft vingt livres pour les appointemens de Capitaine, & dix livres pour ceux de Lieutenant; fix livres treize fols quatre deniers à chacun des deux Sous-lieutenans, cinq livres à chacun des deux Enfeignes & deux Cornettes; cinquante fols à chacun des dix Maréchaux-des-logis, quarante-deux fols à chacun des quatre Brigadiers, quarante fols à chacun des dix-huit Sous-brigadiers & cent foixante-dix-huit Moufquetaires, cinquante fols à chacun des quatre Hautbois, & trente fols à chacun des fix Tambours & des fix petits Officiers, favoir, un Aumônier, un Chirurgien, un Apothicaire, un Fourrier, un Sellier & un Maréchal-ferrant.

MOUSQUE-TAIRES DE LA GARDE DU ROI.

Les grands Officiers des dix compagnies de Gendarmes de la Gendarmerie, continueront d'être payés fuivant les états que Sa Majefté fera expédier; & les Maréchaux-des-logis, Brigadiers, Sous-brigadiers, Porte-étendards, Gendarmes, Trompettes & Timbaliers, fur le même pied de ceux des compagnies de Chevaux-légers, ainfi qu'il fera ci-après expliqué.

GENDARMERIE.
Compagnies de Gendarmes.

Chacune des fix compagnies de Chevaux-légers de ladite Gendarmerie, compofée d'un Capitaine-lieutenant, un Sous-lieutenant, deux Cornettes, quatre Maréchaux-des-logis, deux Brigadiers, deux Sous-brigadiers, un Porte-étendard, foixante-dix Chevaux-légers ou Gendarmes, au moyen des vingt-fept ordonnés le 25 décembre 1756,

Compagnies de Chevaux-légers.

d'augmentation en chaque compagnie, & deux Trompettes, fera payée à raifon par jour, de neuf livres au Capitaine-lieutenant, dont fix livres en qualité de Capitaine, & trois livres en celle de Lieutenant; trois livres au Sous-lieutenant, quarante-cinq fols à chaque Cornette, cinquante fols à chaque Maréchal-des-logis, dont quatre fols de fupplément; vingt-fix fols fix deniers à chaque Brigadier & Sous-brigadier, dix-huit fols quatre deniers au Porte-étendard, quinze fols à chaque Chevau-léger ou Gendarme, & vingt-deux fols à chaque Trompette.

Il fera payé vingt-deux fols par jour à chacun des huit Timbaliers entretenus dans les huit premières compagnies, & trente fols à chacun des deux Aumôniers de ladite Gendarmerie.

Supplément de paye aux Gendarmes & Chevaux-légers, pour tenir lieu de Maffe.

Sa Majefté ayant bien voulu accorder un fupplément de paye de deux fols deux deniers par jour, pour tenir lieu de Maffe, à chaque Gendarme & Chevau-léger feulement, des feize compagnies de la Gendarmerie, fon intention eft qu'ils continuent d'en jouir, indépendamment des quinze fols par jour qui font réglés ci-deffus à chacun defdits Gendarmes & Chevaux-légers.

Penfions aux Brigadiers, Sous-brigadiers, & à chacun des deux plus anciens Gendarmes ou Chevaux-légers, par brigade.

Sa Majefté ayant auffi établi une penfion attachée à l'état de Brigadier & Sous-brigadier, ainfi qu'aux deux plus anciens Gendarmes, en chacune des brigades des feize compagnies de la Gendarmerie, fon intention eft que le payement en foit fait, en vertu des ordres particuliers qu'Elle fera expédier à cet effet, fur le pied par an, de cent livres à chaque Brigadier, de foixante-quinze livres à chaque Sous-brigadier, & de cinquante livres à chacun des deux plus anciens Gendarmes ou Chevaux-légers par brigade.

Les Officiers de l'État-major de ladite Gendarmerie, *État-major de la Gendarmerie.* étant payés de leurs appointemens à l'Ordinaire des guerres, il n'en sera point fait ici mention.

X I V.

CAVALERIE, CARABINIERS, HUSSARDS ET DRAGONS.

LES quatre cens quarante-quatre compagnies qui *CAVALERIE FRANÇOISE.* composent les cent onze escadrons des cinquante-cinq régimens de Cavalerie françoise, chaque escadron de quatre compagnies de quarante Maîtres, au moyen des dix hommes dont elles ont été augmentées par ordonnance du premier décembre 1755, seront payées chacune sur le pied par jour, de cinq livres au Capitaine, cinquante sols au Lieutenant, trente-sept sols six deniers au Cornette, vingt-six sols huit deniers au Maréchal-des-logis, douze sols au Fourrier, huit sols à chacun des deux Brigadiers, & sept sols à chacun des trente-sept Cavaliers, y compris le Trompette & le Timbalier où il doit y en avoir.

Le Sous-lieutenant qui est dans la compagnie Colonelle du Colonel général de la Cavalerie, le Cornette-blanc qui est dans ladite compagnie, & le Cornette qui est en chacune des compagnies Mestre-de-camp des régimens du Mestre-de-camp général & du Commissaire général de la Cavalerie, recevront, savoir, le Sous-lieutenant, cinquante sols par jour, le Cornette-blanc & chacun des deux autres, trente-sept sols six deniers, aussi par jour. *Sous-lieutenans & Cornettes chargé dans régimens Colonel-général, Mestre-de-camp, & Commissaire général de la Cavalerie.*

Sa Majesté ayant conservé par ses ordonnances des *État-major des trois premiers régimens de la Cavalerie.*

premier septembre & 30 octobre 1748, les compagnies aux Mestres-de-camp des régimens Colonel, Mestre-de-camp & Commissaire général ; l'État-major de chacun desdits trois régimens sera payé sur le pied par jour, savoir, de quarante-quatre sols cinq deniers au Mestre-de-camp, suivant l'usage en temps de guerre, indépendamment de ses appointemens de Capitaine ; le Lieutenant-colonel, qui ne doit point avoir de compagnie dans le régiment, recevra six livres six sols huit deniers d'appointemens, & cinq livres à titre d'augmentation de traitement ; six livres au Major, dont vingt sols de supplément ; & trois livres à l'Aide-major, dont dix sols de supplément ; trente sols à l'Aumônier, & treize sols six deniers au Chirurgien.

État-major des cinquante - deux autres régimens de Cavalerie françoise.

L'État-major de chacun des cinquante-deux autres régimens de Cavalerie françoise, sera payé sur le pied par jour, de six livres treize sols quatre deniers au Mestre-de-camp, qui ne doit point avoir de compagnie ; le Lieutenant-colonel qui ne doit point aussi avoir de compagnie dans le régiment, le Major, l'Aide-major, l'Aumônier & le Chirurgien, recevront les mêmes appointemens ci-dessus réglés pour ceux des mêmes grades des régimens du Colonel, Mestre-de-camp & Commissaire général.

Capitaines réformés de Cavalerie Françoise, dernière réforme.

Les Capitaines réformés de Cavalerie françoise, qui ont été entretenus à la suite des régimens en conséquence des ordonnances des premier septembre, 30 octobre 1748 & 15 mars 1749, lesquels sont obligés de servir à leur corps toute l'année, au lieu des quatre mois auxquels ils étoient ci-devant assujétis, continueront de recevoir le même traitement dont ont joui les Capitaines réformés, durant la guerre, qui est de quatre-vingt-dix

livres par mois, en paſſant préſens aux revûes des Commiſſaires des guerres.

Les Capitaines réformés qui étoient entretenus à la ſuite
des régimens de Cavalerie françoiſe avant les ordonnances
de réforme de 1748 & 1749, & qui ſe trouveront encore
y exiſter, continueront auſſi d'être payés de leurs appointemens, ſur le même pied qu'ils les recevoient pendant la guerre, qui eſt de quatre-vingt-dix livres par mois,
en ſervant toute l'année à leur corps, & paſſant préſens
aux revûes des Commiſſaires des guerres.

Capitaines ré-
formés de Cava-
lerie Françoiſe,
ancienne réforme.

Les Lieutenans en pied, compris dans les dernières
réformes de 1748 & 1749, auxquels il a été alors accordé
des appointemens chez eux, par rapport à l'ancienneté
de leurs ſervices, & qui ont été choiſis pour remplir les
places de Cornettes établis dans les régimens de Cavalerie
françoiſe par les ordonnances des 8 ſeptembre 1756 &
5 janvier 1757, & pourvûs de cette place de troiſième
Officier, ſous le titre de Lieutenant en ſecond, continueront de recevoir leurs appointemens de réforme,
indépendamment de ceux attribués ci-deſſus au grade de
Cornette, & deſquels appointemens de réforme ils ceſ-
ſeront de jouir du jour qu'ils ſeront remplacés à des
Lieutenances en pied.

Lieutenans ré-
formés de Cava-
lerie françoiſe, ci-
devant en pied.

Les Cornettes réformés qui ont été Maréchaux-des-
logis, & qui ſe ſont trouvés entretenus à la ſuite deſdits
régimens de Cavalerie françoiſe, en qualité de Lieutenans
réformés, & depuis nommés auxdites places de Cornettes
ordonnés leſdits jours 8 ſeptembre 1756 & 5 janvier
1757, jouiront des appointemens de trente-ſept ſols ſix
deniers par jour qui y ſont attachés; au moyen de quoi
ceux de trois cens livres par an qu'ils recevoient comme

Cornettes réfor-
més qui ont été
Maréchaux-des-
logis.

Lieutenans réformés, feront fupprimés du jour qu'ils ont été nommés auxdites places de Cornettes en pied ; voulant Sa Majefté que ceux defdits Lieutenans réformés qui ne fe feront pas préfentés pour lefdites places, ou qui n'auront pas été jugés capables d'y être nommés, ceffent de jouir de leurs appointemens de réforme, & que cette règle foit fuivie pareillement pour lefdites places qui viendront à vaquer dans les régimens où elles ont été établies par lefdites ordonnances des 8 feptembre 1756 & 5 janvier 1757.

RÉGIMENT des CARABINIERS de M. LE COMTE de PROVENCE. Compagnies.

CHACUNE des quarante compagnies qui compofent les cinq brigades du régiment des Carabiniers de M. le Comte de Provence, compofée de trente-cinq Maîtres chacune, fera payée fur le pied par jour, de fix livres au Capitaine, trois livres au Lieutenant, quarante-cinq fols au Cornette établi en chaque compagnie par ordonnances des 8 feptembre 1756 & 5 janvier 1757, trente fols au Maréchal-des-logis, treize fols fix deniers au Fourrier, neuf fols à chacun des deux Brigadiers, & huit fols à chacun des trente-deux Carabiniers, compris le Trompette & le Timbalier qui eft en chacune des cinq compagnies Meftre-de-camp.

État-major.

L'État-major dudit régiment fera payé fur le pied par jour, de quarante-neuf livres onze fols un denier un tiers au Meftre-de-camp-lieutenant, dont vingt-fept livres fix fols huit deniers en ladite qualité de Meftre-de-camp, indépendamment de fes appointemens de Capitaine, & vingt-deux livres quatre fols cinq deniers un tiers en celle d'Infpecteur dudit Corps ; feize livres treize fols quatre deniers au Major, & huit livres fix fols huit deniers à l'Aide-major établi par ordonnance du 27 avril 1759.

A l'égard de l'État-major des cinq brigades, il sera payé sur le pied par jour, de cinquante-un sols dix deniers au Meſtre-de-camp, trente-huit sols dix deniers au Lieutenant-colonel, outre leurs appointemens de Capitaine ; cinq livres à l'Aide-major, trois livres au Sous-aide-major, trente sols à l'Aumônier, & seize sols deux deniers au Chirurgien.

Sa Majeſté ayant supprimé par son ordonnance du 13 mai 1758, la Majorité particulière de chaque brigade, & ordonné que les Officiers qui en étoient pourvûs paſſeroient à des compagnies ; son intention eſt qu'ils jouiſſent de sept livres d'appointemens par jour, juſqu'à leur remplacement. *Appointemens conſervés aux anciens Majors de Brigades.*

CHACUNE des huit compagnies du régiment de Cavalerie Irlandoiſe de Filtzjames, portée à quarante Maîtres par ordonnance du premier décembre 1755, sera payée sur le pied par jour, de cinq livres au Capitaine, cinquante sols au Lieutenant, trente-sept sols six deniers au Cornette établi en chaque compagnie par ordonnance du 5 janvier 1757, vingt-six sols huit deniers au Maréchal-des-logis, douze sols au Fourrier, dix sols à chacun des deux Brigadiers, & neuf sols à chacun des trente-sept Cavaliers, compris le Trompette & le Timbalier où il doit y en avoir. *RÉGIMENT de CAVALERIE IRLANDOISE de FILTZJAMES. Compagnies.*

L'État-major sera payé à raison par jour, savoir ; de six livres treize sols quatre deniers au Meſtre-de-camp ; au Lieutenant-colonel, six livres six sols huit deniers d'appointemens, & cinq livres à titre d'augmentation de traitement : leſquels Meſtre-de-camp & Lieutenant-colonel *État-major.*

M

ne doivent point avoir de compagnie, en conféquence de ce qui eft réglé par l'ordonnance du 5 avril 1749; fix livres au Major, dont vingt fols de fupplément; trois livres à l'Aide-major, dont dix fols de fupplément; trente fols à l'Aumônier, & treize fols fix deniers au Chirurgien.

Officiers réfor-més du régiment de Filtzjames.

Les Capitaines qui fe font trouvés dans le cas de la réforme ordonnée dans ledit régiment de Filtzjames le 15 mars 1749, à la fuite duquel ils ont été entretenus,

Dernières réformes.

continueront d'y fervir toute l'année, au lieu des quatre mois auxquels ils étoient ci-devant affujétis; voulant Sa Majefté qu'ils reçoivent le même traitement dont ont joui les Capitaines réformés dudit régiment durant la guerre, qui eft de cent vingt livres chacun par mois, en paffant préfens aux revûes des Commiffaires des guerres.

Anciennes réformes.

Les Capitaines réformés qui étoient entretenus à la fuite dudit régiment avant la réforme ordonnée les 30 octobre 1748 & 15 mars 1749, & qui fe trouveront encore y exifter, feront pareillement tenus d'y fervir toute l'année, au lieu des quatre mois auxquels ils étoient auffi affujétis, & feront payés de leurs appointemens fur le même pied qu'ils en jouiffoient pendant la guerre, qui eft de cent vingt livres chacun par mois, en paffant préfens aux revûes des Commiffaires des guerres.

Meftres-de-camp & Lieutenans-co-lonels réformés à la fuite du régiment de Filtzjames.

Sa Majefté ayant bien voulu rétablir les appointemens des Meftres-de-camp & Lieutenans-colonels entretenus à la fuite dudit régiment, qui ferviront dans fes armées, fur le même pied qu'ils étoient pendant la dernière guerre, ils continueront de recevoir, favoir, les Meftres-de-camp, cent quatre-vingt-trois livres fept fols fix deniers d'appointemens par mois, & les Lieutenans-colonels, cent vingt-cinq livres auffi d'appointemens par mois; à l'exception cependant des Meſtres-de-camp & Lieutenans-colonels, auxquels il auroit été réglé des appointemens différens, dont ils continueront de jouir, en conſéquence des ordres particuliers qui leur ont été expédiés.

Les Lieutenans en pied, qui ont été compris dans la réforme ordonnée le 15 mars 1749, dans ledit régiment de Filtzjames, auxquels il a été accordé des appointemens de réforme par rapport à l'ancienneté de leurs ſervices, & qui auront été choiſis pour remplir des places de Cornettes ordonnés dans ledit régiment le 5 janvier 1757, pour en être pourvûs ſous le titre de Lieutenant en ſecond, conſerveront leurſdits appointemens de réforme, indépendamment de ceux de trente-ſept ſols ſix deniers par jour, attribués à chacun deſdits Cornettes; & ce ſeulement juſqu'à ce qu'ils ſoient remplacés Lieutenans en pied, & alors leurſdits appointemens de réforme ſeront éteints.

Lieutenans réformés ci-devant en pied.

Les Cornettes réformés par ordonnance du 30 octobre 1748, qui avoient été Maréchaux-des-logis, & ont été entretenus à la ſuite du régiment en qualité de Lieutenans réformés, & qui auront été remplacés auxdites places de Cornettes ordonnés le 5 janvier 1757, jouiront ſeulement des appointemens de trente-ſept ſols ſix deniers par jour qui y ſont attachés; au moyen de quoi ceux de trois cens livres par an, qu'ils recevoient comme Lieutenans réformés, demeureront ſupprimés du jour de leur nomination auxdites places de Cornettes. Veut Sa Majeſté que ceux deſdits Lieutenans réformés, qui ne ſe feront pas préſentés pour leſdites places, ou qui n'auront pas été jugés capables d'y être nommés, ceſſent de jouir de leur

Cornettes réformés qui avoient été Maréchaux-des-logis dans Filtzjames.

appointemens de réforme, ainsi qu'il est dit à l'article de la Cavalerie françoise.

RÉGIMENT ROYAL-ALLEMAND.

Compagnies.

CHACUNE des huit compagnies du régiment Royal-Allemand, portées par ordonnance du premier décembre 1755, à quarante Maîtres, par une augmentation de dix hommes en chaque compagnie, sera payée sur le pied par jour, de six livres au Capitaine, trois livres au Lieutenant, quarante-cinq sols au Cornette établi en chaque compagnie par ordonnance du 8 septembre 1756, trente sols au Maréchal-des-logis, douze sols au Fourrier, neuf sols à chacun des deux Brigadiers, & sept sols à chacun des trente-sept Cavaliers, y compris les Cadets, Trompettes & Timbalier où il doit y en avoir.

Cadets.

Il sera en outre payé un sol par jour à chaque Cadet qui passera en revûe dans le nombre desdits Cavaliers, sur le certificat du Commandant du régiment.

État-major.

L'État-major du régiment, sera payé à raison par jour, de six livres treize sols quatre deniers au Mestre-de-camp, & cinq livres au Lieutenant-colonel, indépendamment de leurs appointemens de Capitaine ; huit livres six sols huit deniers à chacun des deux Majors, trois livres à chacun des deux Aides-majors, dont six sols huit deniers de supplément ; vingt-six sols huit deniers au Maréchal-des-logis, trente-trois sols quatre deniers au Prevôt, vingt-six sols huit deniers à son Lieutenant, vingt sols au Greffier, vingt-six sols huit deniers à chacun des Aumônier & Chirurgien, & quinze sols à chacun des quatre Archers & à un Exécuteur de Justice.

RÉGIMENS *de* WIRTEMBERG *& de* NASSAU-SAARBRUCK.

LES huit compagnies de chacun des régimens Allemands de Wirtemberg & de Nassau-Saarbruck, portées par ordonnance du premier décembre 1755, à quarante

Maîtres, au moyen des dix hommes mis d'augmentation *Compagnies.* en chaque compagnie, feront payées chacune fur le pied par jour, de fix livres au Capitaine, trois livres au Lieutenant, quarante-cinq fols au Cornette établi dans chaque compagnie, par ordonnance du 8 feptembre 1756, vingt-fix fols huit deniers au Maréchal-des-logis, douze fols au Fourrier, huit fols à chacun des deux Brigadiers, & fept fols à chacun des trente-fept Cavaliers, y compris le Trompette & le Timbalier où il doit y en avoir.

L'État-major du régiment de Wirtemberg, fera payé *État-major* fur le pied par jour, favoir, de trois livres fix fols huit *du régiment de* deniers au Meftre-de-camp, & quarante fols au Lieutenant-*Wirtemberg.* colonel, indépendamment de leurs appointemens de Capitaine; huit livres dix fols au Major, trois livres par jour à l'Aide-major, treize fols quatre deniers à l'Aumônier, treize fols quatre deniers à chacun des Chirurgien & Auditeur, & fept fols fix deniers à chacun des Greffier, trois Archers & un Exécuteur.

Le Comte de Rofen, Meftre-de-camp en fecond du régiment de Wirtemberg, & qui le commande en l'abfence du Prince de Wirtemberg, continuera de recevoir fix livres treize fols quatre deniers par jour, pour fes appointemens en ladite qualité, ne devant point avoir de compagnie.

L'État-major du régiment de Naffau-Saarbruck, fera *État-major* payé à raifon par jour, de trois livres fix fols huit deniers *du régiment* au Meftre-de-camp, & quarante fols au Lieutenant-colonel, *de Naffau-* indépendamment de leurs appointemens de Capitaine; *Saarbruck.* huit livres dix fols au Major, dont trente-fix fols huit deniers de fupplément; trois livres à l'Aide-major, dont fix fols huit deniers de fupplément; treize fols quatre

94

deniers à l'Aumônier, & pareils treize fols quatre deniers au Chirurgien qui a été confervé dans ledit régiment lors des dernières réformes.

Capitaines réformés à la fuite des régimens de Cavalerie allemande.

Les Capitaines qui fe font trouvés dans le cas de la réforme ordonnée les 30 octobre 1748 & 15 mars 1749, qui ont été entretenus à la fuite des régimens Royal-Allemand, Wirtemberg & Naffau, & les Capitaines qui y étoient entretenus avant lefdites deux ordonnances de réforme, & qui fe trouveront encore y exifter, continueront de fervir à leur corps toute l'année, au lieu des quatre mois auxquels ils étoient affujétis ; & recevront par an, favoir, ceux qui ont eu troupes, & qui proviennent de la dernière réforme, douze cens livres ; & les autres le même traitement dont ont joui les Capitaines réformés, durant la guerre, qui eft de quatre-vingt-dix livres chacun par mois, en paffant préfens aux revûes des Commiffaires des guerres.

Meftres-de-camp & Lieutenans-colonels réformés de Cavalerie allemande.

Les Meftres-de-camp & Lieutenans-colonels entretenus à la fuite defdits trois régimens, qui ferviront dans les armées, feront payés à raifon par mois, de cent cinquante livres au Meftre-de-camp, & cent vingt-cinq livres au Lieutenant-colonel ; à l'exception cependant des Meftres-de-camp & Lieutenans-colonels auxquels il auroit été réglé des appointemens différens, dont ils continueront de jouir, en conféquence des ordres particuliers qui leur ont été expédiés.

Lieutenans réformés de Cavalerie allemande, ci-devant Lieutenans en pied.

Les Lieutenans en pied qui ont été compris dans les réformes ordonnées les 30 octobre 1748 & 15 mars 1749, dans lefdits régimens de Royal-Allemand, Wirtemberg & Naffau-Saarbruck, auxquels il a été accordé des appointemens de réforme par rapport à l'ancienneté de leurs ſervices, & qui ont été choiſis pour remplir des places de Cornettes ordonnés le 8 ſeptembre 1756, ſous le titre de Lieutenant en ſecond, continueront de recevoir leurs appointemens de réforme, indépendamment de ceux de quarante-cinq ſols par jour réglés à chaque Cornette; & ce juſqu'à ce qu'ils ſoient remplacés à des Lieutenances en pied, & alors leurſdits appointemens de réforme demeureront éteints.

Les Cornettes réformés qui auront été Maréchaux-des-logis, & entretenus à la ſuite deſdits trois régimens en qualité de Lieutenans réformés, & qui ont été ou ſeront nommés auxdites places de Cornettes ordonnés le 8 ſeptembre 1756, jouiront des appointemens de quarante-cinq ſols par jour qui y ſont attachés; & ceux de trois cens livres par an qu'ils avoient comme Lieutenans réformés, ſeront ſupprimés du jour qu'ils auront été nommés auxdites Cornettes: Voulant Sa Majeſté que ceux deſdits Lieutenans réformés qui ne ſe feront pas préſentés pour leſdites places de Cornettes, ou qui n'auront pas été jugés capables d'y être nommés, ceſſent de jouir de leurs appointemens de réforme, comme il eſt dit ci-deſſus à l'article de la Cavalerie françoiſe.

Cornettes réformés de Cavalerie allemande, qui ont été Maréchaux-des-logis.

SA MAJESTÉ ayant jugé à propos, par ſon ordonnance du premier février 1758, de changer la compoſition & le titre du régiment des Volontaires-Liégeois, pour en former un régiment de Cavalerie de huit compagnies de quarante Maîtres chacune, ſous la dénomination de *Régiment de Cavalerie Liégeoiſe*, avec le nom du Meſtre-de-camp, Elle entend qu'il ſoit payé, ſavoir;

RÉGIMENT de CAVALERIE LIÉGEOISE de RAUGRAVE.

Chaque compagnie, à raiſon par jour, de ſix livres au

Compagnies.

Capitaine, trois livres au Lieutenant, quarante-cinq sols au Cornette, vingt-six sols huit deniers au Maréchal-des-logis, douze sols au Fourrier, neuf sols à chaque Brigadier, & sept sols à chaque Cavalier & au Trompette ou Timbalier où il doit y en avoir.

État-major. L'État-major dudit régiment, continuera d'être payé sur le pied par jour, de treize livres six sols huit deniers au Mestre-de-camp, dix livres au Lieutenant-colonel, tant pour leurs appointemens en ladite qualité, que pour leur tenir lieu de ceux de Capitaine, ne devant point avoir de compagnie ; huit livres dix sols au Major, trois livres à l'Aide-major, trente sols à l'Aumônier, & treize sols quatre deniers au Chirurgien.

Capitaines réformes à la suite du régiment de Raugrave. Les Capitaines réformés qui étoient entretenus à la suite dudit régiment avant les augmentations ordonnées les 20 novembre 1756 & 1.er février 1758, & qui pourroient s'y trouver encore, n'ayant point été remplacés, continueront de jouir de trois livres d'appointemens chacun par jour, au lieu du traitement qui leur étoit réglé par l'ordonnance du 1.er février 1751, & ce jusqu'à ce qu'ils aient été nommés à des compagnies.

RÉGIMENT de CAVALERIE LÉGÈRE de CORSE. LE régiment de Cavalerie légère de Corse, créé par ordonnance du 29 avril 1757, & composé de cent cinquante Maîtres montés, en six compagnies de vingt-cinq Maîtres chacune, sera payé, savoir ;

Compagnies. Chaque compagnie, sur le pied par jour, de cinq livres au Capitaine, quarante sols au Lieutenant, vingt sols au Maréchal-des-logis, douze sols au Fourrier, huit sols à chacun des deux Brigadiers, & sept sols à chacun des vingt-deux Cavaliers, y compris le Trompette & le Timbalier où il doit y en avoir.

L'État-major

L'État-major dudit régiment, sera payé sur le pied par *État-major.* jour, de dix livres au Meftre-de-camp, & huit livres au Lieutenant-colonel, lefquels n'auront point de compagnie; fix livres au Major, trois livres fix fols huit deniers à l'Aide-major, vingt fols à chacun des Aumônier & Chirurgien, & vingt-fix fols huit deniers au Porte-bannière.

CHACUN des deux régimens de Huffards de Berchény *HUSSARDS.* & Turpin, compofé de neuf cens hommes, au moyen de l'incorporation qui y a été faite de celui de Polle-resky, en conféquence de l'ordonnance du 5 mai 1758, & formant fix efcadrons en douze compagnies de foixante-quinze hommes chacune, à raifon de deux compagnies par efcadron.

Chacune defdites compagnies, compofée d'un Capi- *Compagnies.* taine, un premier Lieutenant, un fecond Lieutenant, un Cornette, deux Maréchaux-des-logis, un Fourrier, fix Brigadiers, foixante-fept Huffards, & un Trompette ou Timbalier où il doit y en avoir, fera payée fur le pied par jour, de fix livres au Capitaine, trois livres au premier Lieutenant, cinquante fols au fecond Lieutenant, qua-rante-cinq fols au Cornette, vingt-fix fols huit deniers à chacun des Maréchaux-des-logis, douze fols au Fourrier, neuf fols à chacun des Brigadiers, & fept fols à chacun des Huffards, Trompette & Timbalier.

L'État-major de chacun defdits régimens de Berchény *État-major.* & Turpin, compofé d'un Meftre-de-camp, d'un Lieute-nant-colonel, du Lieutenant-colonel en fecond, prove-nant de l'incorporation des régimens Huffards qui ont été fupprimés, qui fera le fervice en ladite qualité de Lieu-tenant-colonel en fecond, & commandera le régiment après le Lieutenant-colonel titulaire; d'un Major, un

N

Aide-major, un second Aide-major, un Aumônier & un Chirurgien, sera payé à raison de treize livres six sols huit deniers par jour au Mestre-de-camp, dix livres au Lieutenant-colonel, tant pour leurs appointemens en leurdite qualité, que pour leur tenir lieu de ceux de Capitaine, ne devant point avoir de compagnie; huit livres six sols huit deniers au Lieutenant-colonel en second, huit livres dix sols au Major, trois livres à l'Aide-major, pareilles trois livres au second Aide-major, trente sols à l'Aumônier, & treize sols quatre deniers au Chirurgien; qui a été conservé à la paix.

Lieutenans-colonels en second de Hussards, provenant de l'incorporation des régimens supprimés.

Entend Sa Majesté que les Lieutenans-colonels en second desdits deux régimens de Hussards, soient remplacés à la Lieutenance-colonelle de celui où ils sont chacun attachés, quand elle viendra à vaquer; & alors la place & les appointemens ci-dessus de Lieutenant-colonel en second seront supprimés.

Capitaines réformés à la suite des régimens de Hussards, provenant de l'incorporation.

Les quatre Capitaines en pied & les trois Majors qui n'ont pû être conservés dans les trois régimens restés sur pied, lors de l'incorporation des régimens de Lynden, Beausobre & Ferrary, & qui ont été entretenus tous les sept en qualité de Capitaines réformés à la suite des régimens de Berchény, Turpin & Polleresky, & qui le sont actuellement à la suite de ceux de Berchény & de Turpin, recevront chacun cinq livres d'appointemens par jour, & ce en attendant leur remplacement aux premières compagnies vacantes dans les régimens où ils sont attachés : Voulant Sa Majesté qu'ils y soient nommés suivant leur rang entre eux, & de préférence aux autres Capitaines réformés qui peuvent se trouver dans lesdits régimens.

Capitaines réformés aux

Les Capitaines réformés qui étoient à la suite des

régimens de Lynden, Beaufobre & Ferrary avant l'incorporation, ainfi que ceux qui étoient à la fuite du régiment de Polleresky, & qui font actuellement diftribués dans les régimens de Berchény & Turpin, & ceux du même grade qui fe font trouvés attachés à ces deux derniers régimens lors de ladite incorporation, feront payés à raifon de trois livres d'appointemens par jour, au lieu du traitement qui leur étoit réglé par l'ordonnance du premier février 1751, & ce jufqu'à ce qu'ils aient été choifis pour remplir des compagnies.

L'intention de Sa Majefté eft que les Lieutenans; Lieutenans en fecond ou Cornettes des régimens Huffards de Berchény & de Turpin, qui font ou pourront être prifonniers de guerre, foient remplacés par d'autres Officiers qui feront nommés à leurs charges en attendant leur échange, après lequel ils reprendront leurs emplois, & que les Lieutenans, Lieutenans en fecond ou Cornettes qui remplaceront les prifonniers de guerre, foient payés des mêmes appointemens dont jouiffent les Officiers en pied, & qu'après le retour des Officiers prifonniers de guerre, ils continuent de fervir à la fuite defdits régimens jufqu'à ce qu'ils aient été remplacés aux premiers emplois vacans, voulant Sa Majefté qu'il ne foit nommé aucun Officier nouveau que ceux-ci n'aient été remplacés.

Les deux Corps de Chaffeurs à pied, créés par ordonnance du 4 janvier 1760, pour être attachés aux régimens de Berchény & de Turpin, compofés chacun de quatre cens foixante hommes en cinq compagnies, dont une de Grenadiers de foixante hommes, & quatre de Fufiliers de cent hommes chacune, feront payés, favoir;

Chaque compagnie de Grenadiers de ces deux Corps,

compofée d'un Capitaine, un Lieutenant, un Sous-lieutenant, trois Sergens, quatre Caporaux, quatre Anfpeffades, quarante-huit Grenadiers & un Tambour, fur le
pied par jour, de fix livres treize fols quatre deniers au
Capitaine, cinquante fols au Lieutenant, trente-trois fols
quatre deniers au Sous-lieutenant, douze fols quatre deniers à chacun des trois Sergens, huit fols huit deniers
à chacun des quatre Caporaux, fept fols huit deniers à
chacun des quatre Anfpeffades, fix fols huit deniers à
chacun des quarante-huit Grenadiers & au Tambour.

Payes de gratification.   Le Capitaine recevra de plus fix payes de gratification
de fix fols huit deniers chacune, fa compagnie étant
complète de foixante hommes, cinq à cinquante-huit &
cinquante-neuf, trois à cinquante-fix & cinquante-fept,
& aucune au deffous dudit nombre de cinquante-fix.

Compagnies de Fufiliers.   Chaque compagnie de Fufiliers, compofée d'un Capitaine, un Lieutenant, un Sous-lieutenant, quatre Sergens,
fix Caporaux, fix Anfpeffades, quatre-vingt-deux Fufiliers
& deux Tambours, fur le pied par jour, de fix livres au
Capitaine, quarante fols au Lieutenant, trente fols au
Sous-lieutenant, onze fols quatre deniers à chaque Sergent, fept fols huit deniers à chaque Caporal, fix fols
huit deniers à chaque Anfpeffade, & cinq fols huit deniers
à chaque Fufilier & Tambour.

Payes de gratification.   Le Capitaine recevra de plus neuf payes de gratification
de cinq fols huit deniers chacune, fa compagnie étant
complète à cent hommes, fept à quatre-vingt-dix-huit &
quatre-vingt-dix-neuf, cinq à quatre-vingt-feize & quatre-
vingt-dix-fept, trois à quatre-vingt-quatorze & quatre-
vingt-quinze, & aucune au deffous dudit nombre de
quatre-vingt-quatorze.

L'État-major de chacun defdits deux Corps, compofé État-major. d'un Lieutenant-colonel commandant fous l'autorité du Meftre-de-camp du régiment de Huffards auquel il eft attaché, & d'un Aide-major, fera payé à raifon de dix livres au Lieutenant-colonel, qui n'aura point de compagnie, & de trois livres fix fols huit deniers à l'Aide-major.

Le Lieutenant-colonel jouira d'une gratification de *Gratifications attachées aux charges.* quatre cens cinquante livres par an, qui fera attachée à fa charge, & l'Aide-major d'une pareille gratification de deux cens livres, dont ils feront payés fur des ordres particuliers.

Sa Majefté fera payer pour les recrues defdits deux *Recrues.* Corps, lorfqu'ils ferviront en campagne, favoir, à la compagnie de Grenadiers la fomme de deux cens cinquante livres, & à chacune des compagnies de Fufiliers la fomme de trois cens livres.

Elle fera payer auffi à chaque Capitaine de Fufiliers *Étape aux Recrues.* la fomme de trois cens livres par an, pour tenir lieu d'étape aux Recrues, qu'il fera tenu de faire joindre fa compagnie à fes frais.

Lorfque ces deux Corps feront dans le cas de jouir *Uftenfile.* de l'uftenfile, Sa Majefté le leur fera payer proportionnément à la compofition des compagnies, fur le pied réglé pour l'Infanterie françoife.

L'intention de Sa Majefté eft, que les appointemens des Officiers de ces deux Corps & le traitement ci-deffus réglé, aient lieu à commencer du 1.er du préfent mois de février, & que dudit jour la folde foit payée aux Sergens, Grenadiers & Soldats effectifs qui fe trouveront aux quartiers d'affemblée, du jour qu'il y aura vingt hommes à chaque compagnie.

Veut Sa Majesté que la Masse desdits Corps soit payée sur le pied complet à commencer dudit jour 1.er février, comme il est réglé pour l'Infanterie françoise.

RÉGIMENT ROYAL-NASSAU, de Cavalerie légère Allemande. Le régiment Royal-Nassau, de Cavalerie légère Allemande, porté par ordonnance du 14 juin 1758, à six cens hommes, formant quatre escadrons de cent cinquante hommes chacun, en huit compagnies de soixante-quinze hommes, sera payé, savoir;

Chacune des huit compagnies, sur le pied par jour, de six livres au Capitaine, trois livres au Lieutenant en premier, cinquante sols au Lieutenant en second, quarante-cinq sols au Cornette, vingt-six sols huit deniers à chacun des deux Maréchaux-des-logis, douze sols au Fourrier, neuf sols à chacun des six Brigadiers, & sept sols à chacun des soixante-sept Cavaliers & au Trompette ou Timbalier.

État-major. L'État-major dudit régiment, sera payé sur le pied par jour, de trois livres six sols huit deniers au Mestre-de-camp-lieutenant, indépendamment de ses appointemens de Capitaine de la première compagnie; dix livres au Lieutenant-colonel, tant pour ses appointemens en cette qualité, que pour lui tenir lieu de ceux de Capitaine, ne devant point avoir de compagnie; huit livres dix sols au Major, trois livres à l'Aide-major, trente sols à l'Aumônier, treize sols quatre deniers au Chirurgien, & vingt sols au Prevôt.

DRAGONS. Chacun des seize régimens de Dragons, mis par ordonnance du 18 août 1755, à quatre escadrons de cent soixante hommes chacun, en quatre compagnies de quarante Dragons montés, faisant en total six cens quarante hommes par régiment, recevront leurs appointemens & Compagnies. solde, savoir; chacune des seize compagnies de chaque régiment, composée d'un Capitaine, un Lieutenant, un Cornette dont il sera ci-après parlé, un Maréchal-des-logis, un Fourrier, deux Brigadiers, trente-six Dragons & un Tambour, sera payée à raison par jour, de quatre livres dix sols au Capitaine, quarante sols au Lieutenant, vingt sols au Maréchal-des-logis, dix sols six deniers au Fourrier, sept sols six deniers à chaque Brigadier, & six sols six deniers à chaque Dragon & au Tambour.

Le Cornette établi par ordonnance du 5 janvier 1757, *Cornettes.* en chaque compagnie, à la réserve de la compagnie Générale du régiment Colonel général des Dragons, & de la compagnie du Mestre-de-camp général desdits Dragons, en chacune desquelles il y en a un en charge, recevra trente sols par jour d'appointemens.

Le Sous-lieutenant & le Cornette entretenus dans la *Officiers en charge dans les* compagnie Générale du Colonel général des Dragons, *régimens du Co-* & le Cornette aussi entretenu dans la compagnie Mestre- *lonel & Mestre-* de-camp du régiment Mestre-de-camp général desdits *de-camp général* *des Dragons.* Dragons, seront payés à raison par jour, de trente-trois sols quatre deniers au Sous-lieutenant, & de trente sols à chaque Cornette.

L'État-major de chaque régiment, sera payé à raison *État-major.* par jour, de dix livres au Mestre-de-camp, huit livres six sols huit deniers au Lieutenant-colonel, tant pour leurs appointemens en leurdite qualité, que pour leur tenir lieu de ceux de Capitaine, ne devant point avoir de compagnie; cinq livres au Major, dont dix sols de supplément; trois livres à l'Aide-major, dont dix sols de supplément; pareilles trois livres à l'Aide-major en second, & trente sols à l'Aumônier.

Le sieur Marquis de Pons, Mestre-de-camp-lieutenant *Mestre-de-camp* *en second du ré-*

giment de Dra-
gons d'Orléans. en fecond du régiment de Dragons d'Orléans, continuera d'être payé fur le pied de cent foixante-fix livres
treize fols quatre deniers par mois, pour fes appointemens en ladite qualité, en paffant préfent aux revûes des
Commiffaires des guerres.

Le Colonel & le Meftre-de-camp général des Dragons,
qui confervent chacun leur compagnie, continueront de
recevoir, indépendamment de leurs appointemens de
Capitaine, les dix livres par jour qui leur font attribuées
en qualité de Meftre-de-camp.

*Anciens Com-
mandans des
compagnies à
pied de Dragons.* Le Capitaine qui commandoit les quatre compagnies
à pied de chaque régiment de Dragons, & qui a paffé
à une des compagnies à pied, après leur décompofition,
pour en former une de celles remontées & augmentées
par ladite ordonnance du 18 août 1755, continuera de
recevoir, indépendamment de fes appointemens de Capitaine, deux livres trois fols quatre deniers par jour, à
titre de fupplément d'appointemens, jufqu'à ce qu'il paffe
à un autre grade dont le traitement ne fera point infé-
rieur, & celui qui lui fuccèdera à fa compagnie, ne
recevra que les appointemens ordinaires de Capitaine.

Le fieur Lemaire, qui a eu pendant la dernière guerre
une commiffion de Capitaine pour commander la compagnie de Caftellane dans le régiment de Dragons d'Orléans, pendant l'abfence du titulaire, continuera de jouir
de cinquante fols d'appointemens par jour, en paffant
préfent aux revûes des Commiffaires des guerres, jufqu'à
ce qu'il foit pourvû d'une compagnie.

Les Capitaines réformés à la fuite des régimens de
Dragons, auxquels Sa Majefté a jugé à propos d'accorder
des appointemens, en feront payés en paffant préfens aux

revûes

revûes des Commiffaires des guerres, fur le pied de cinquante livres par mois; à l'exception de ceux dont les appointemens feront réglés fur un pied différent par les ordres particuliers qui les attachent à la fuite defdits régimens.

LE régiment de Cavalerie légère des Volontaires de Schomberg, porté par ordonnance du premier février 1758, à quatre cens quatre-vingts hommes, en fix brigades de quatre-vingts hommes montés chacune, fera payé, favoir; *VOLONTAIRES de SCHOMBERG.*

Chacune des fix brigades fur le pied par jour, de treize livres au Capitaine, y compris vingt fols de fupplément; quatre livres feize fols huit deniers au Capitaine en fecond, trois livres fix fols huit deniers au Lieutenant en premier, deux livres treize fols quatre deniers au Lieutenant en fecond, quarante-cinq fols au Cornette, trente fols à chacun des deux Maréchaux-des-logis, dix fols fix deniers à chacun des deux Fourriers, huit fols à chacun des quatre Brigadiers, fept fols à chacun des quatre Sous-brigadiers, fix fols à chacun des foixante-huit Volontaires, & dix fols à chaque Trompette. *Brigades.*

L'État-major dudit régiment fera payé fur le pied par jour, de trente-neuf livres fix fols huit deniers au Meftre-de-camp, qui n'aura point de compagnie; treize livres au Major, cinq livres dix fols à l'Aide-major, quarante-trois fols quatre deniers à l'Auditeur, pareils quarante-trois fols quatre deniers à l'Aumônier; trois livres au Chirurgien-major, trente fols au Maréchal-des-logis tenant lieu de Fourrier, quarante fols au Prevôt, & pareils quarante fols au Timbalier & à chacun des quatre Hautbois, vingt-fix fols huit deniers au maître Charpen- *État-major.*

tier, & vingt-trois fols quatre deniers à chacun des fix Charpentiers.

Sa Majefté ayant jugé à propos de régler par une décifion particulière du 16 mars 1757, qu'à compter dudit jour il feroit retenu en faveur & pendant la vie du fieur Lefort, ci-devant Lieutenant-colonel du régiment des Volontaires de Schomberg, la fomme de trois mille livres par an fur les appointemens de la Lieutenance-colonelle, Elle auroit confenti en même-temps à ce que le fieur de Cholet, qui lui a fuccédé dans cette charge, confervât la brigade qu'il avoit dans ledit régiment ; à l'effet de quoi Elle ordonne que cette fomme de trois mille livres fera prélevée fur les fix mille deux cens quarante livres d'appointemens par an, attachées à ladite charge de Lieutenant-colonel, & payée, à compter dudit jour 16 mars 1757, au fieur Lefort, fur les ordres particuliers que Sa Majefté fera expédier à cet effet.

Et que tant que cette retenue aura lieu, ledit fieur de Cholet ne reçoive que neuf livres par jour pour fes appointemens de Lieutenant-colonel, indépendamment de fon traitement de Capitaine chef de brigade, dont lui & fes fuccefleurs en ladite charge de Lieutenant-colonel, jouiront jufqu'à ce que ladite retenue ceffe ; fon intention étant qu'alors lefdits appointemens foient rétablis à dix-fept livres fix fols huit deniers par jour, & que ceux qui rempliront cette charge les reçoivent fur ce pied, en obfervant qu'ils ne devront plus avoir de brigade, conformément à l'ordonnance du 8 janvier 1751.

Au moyen du traitement réglé ci-deffus aux Capitaines chefs de brigade, Sa Majefté entend qu'ils ne puiffent rien retenir fur la folde des Brigadiers, Sous-brigadiers,

Trompettes & Volontaires, foit pour le ferrage des chevaux ou quelque autre chofe que ce foit, qui demeurera à la charge defdits Capitaines : Ordonne Sa Majefté qu'ils foient tenus de fournir par année, à chacun des hommes de leur brigade, une paire de fouliers, deux chemifes, un col, & ce qu'il a été d'ufage jufqu'à préfent de leur donner, indépendamment de leur folde.

Veut Sa Majefté que les quatre Carabiniers qui font en chacune des compagnies des cinquante-cinq régimens de Cavalerie françoife & des régimens étrangers de Filtz-james, Royal-Allemand, Wirtemberg, Naffau-Saarbruck & Raugrave, les quatre plus anciens Carabiniers de cha-cune des compagnies des cinq brigades du régiment Royal-des-Carabiniers, & les quatre plus anciens Dragons de chaque compagnie, continuent de jouir d'un fupplément de paye de fix deniers chacun par jour, dont le décompte leur fera fait avec celui de leur folde.

Il fera donné, outre la folde ci-deffus, qui fera payée fans aucun retranchement, douze deniers par jour, dont deux deniers de fupplément pour chaque Brigadier, Fourrier, Cavalier, Carabinier, Huffard, Volontaire, Dragon, Trompette, Timbalier & Tambour, dont le fonds reftera entre les mains du Tréforier, pour compofer une Maffe toûjours complète, deftinée à l'habillement defdites troupes ; de laquelle le Tréforier donnera fes reconnoiffances à la fin de l'année, au Major ou autre Officier chargé du détail defdits régimens & brigades, l'une à titre de Groffe-Maffe, fur le pied de huit deniers par Brigadier, Fourrier, Cavalier, Carabinier, Huffard, Volontaire, Dragon, Trompette, Timbalier & Tambour ; & l'autre à titre de Petite-Maffe, pour les quatre deniers

O ij

reſtans : laquelle Maſſe, ſera payée ſur la main-levée du Directeur ou Inſpecteur général dans le département duquel leſdits régimens, brigades ou compagnies ſe trouveront, viſée des Colonels généraux de la Cavalerie & des Dragons.

AUGMENTATIONS DE TRAITEMENT que Sa Majeſté a accordé aux Officiers de Cavalerie, Carabiniers, Huſſards & Dragons, à commencer du premier janvier 1758.

GRATIFICATIONS ANNUELLES attachées au rang des Capitaines & aux charges des Majors & Aides-Majors.

Au premier Capitaine de chacun des cinquante-cinq régimens de Cavalerie françoiſe, de celui de Filtzjames, des régimens Royal-Allemand, Wirtemberg, Naſſau & Raugrave Liégeois, & des régimens de Huſſards, y compris celui de Royal-Naſſau, la ſomme de quatre cens livres.

Au ſecond Capitaine de chacun deſdits régimens, la ſomme de trois cens livres, pareille ſomme de trois cens livres au troiſième Capitaine du régiment Colonel général de la Cavalerie qui a trois eſcadrons.

Aux Majors de chacun des cinquante-cinq régimens de Cavalerie françoiſe, & de celui de Filtzjames, la ſomme de cent quarante livres, indépendamment de la gratification de cinq cens livres attachée à ſa charge ; & à l'Aide-major, deux cens vingt livres.

A chacun des Aides-majors des régimens Royal-

Allemand, Wirtemberg, Naſſau & Raugrave, des deux régimens de Huſſards, & de celui de Royal-Naſſau, la ſomme de trois cens vingt livres.

A chacun des cinq Meſtres-de-camp, commandant les cinq brigades du régiment Royal-des-Carabiniers, la ſomme de ſix cens livres, comme premier Capitaine, indépendamment de la gratification de mille livres dont il jouit en ladite qualité de Meſtre-de-camp.

A chacun des cinq Lieutenans-colonels deſdites brigades, la ſomme de cinq cens livres, comme ſeconds Capitaines, indépendamment de la gratification de huit cens livres dont il jouit en ladite qualité de Lieutenant-colonel.

Au Capitaine de la troiſième compagnie de chacune deſdites brigades, la ſomme de quatre cens livres, indé-pendamment de la gratification de cinq cens livres, dont il jouit comme tous les Capitaines du régiment.

DRAGONS.

Au premier Capitaine de chacun des ſeize régimens de Dragons, la ſomme de trois cens livres.

Au ſecond Capitaine de chacun deſdits régimens, la ſomme de deux cens livres.

Et au premier & ſecond Aide-majors de chacun deſdits régimens, la ſomme de cent vingt livres.

A l'égard des Majors, Sa Majeſté leur ayant accordé un ſupplément d'appointemens, ils continueront de jouir ſans augmentation, de la gratification de quatre cens livres attachée à leur charge.

PLACES D'USTENSILE.

Deux places d'uſtenſile d'augmentation à chaque Ca;

pitaine de toutes les troupes à cheval, qui ont part à l'uftenfile; pareilles deux places à chaque Lieutenant, une place à chaque Cornette, & une place à chaque Maréchal-des-logis, & la diftribution en fera faite ainfi qu'il eft expliqué ci-après à l'article de l'uftenfile.

SUPPLÉMENT D'APPOINTEMENS
aux Majors & Aides-majors de Cavalerie françoife, du régiment de Filtzjames, & de Dragons.

Les Majors & Aides-majors des cinquante-cinq régimens de Cavalerie françoife, du régiment Irlandois de Filtzjames, & des régimens de Dragons, jouiront en tout temps, paix ou guerre, du fupplément d'appointemens de deux cens livres à chaque Major, & de cent livres à chaque Aide-major, qu'ils avoient feulement pendant la paix, & dont ils étoient payés par des ordres particuliers.

REMONTE.

La remonte qui étoit ci-devant payée en temps de guerre aux Capitaines des régimens de Cavalerie & de Dragons, fur le pied de huit cens livres par compagnie de quarante chevaux dans la Cavalerie, fera augmentée de quatre cens livres pour la porter à douze cens livres; & celle de Dragons qui étoit pareillement de huit cens livres par compagnie de quarante chevaux, fera augmentée de deux cens quarante livres pour la porter à mille quarante livres.

Les compagnies des régimens de Huffards & celles à cheval des Troupes légères, auront l'augmentation de remonte, suivant leur composition dans la proportion de celle ci-dessus réglée pour les Dragons.

Veut & ordonne Sa Majesté, qu'il ne soit fait aucune avance aux Troupes, sous quelque raison & pour quelque prétexte que ce puisse être; défendant Sa Majesté aux Intendans des provinces de son royaume, & aux Commissaires des guerres, de donner aucun ordre à cet effet, & aux Commis de l'Extraordinaire des guerres, de ne rien payer aux troupes au-delà de ce qui leur est réglé par la présente ordonnance, à peine d'en répondre en leur propre & privé nom; Sa Majesté dérogeant pour raison desdites avances, à ce qui est porté par ses ordonnances des premier & 3 juillet 1749, premier & 3 décembre 1750, & premier janvier 1752: permettant seulement Sa Majesté auxdits Intendans & Commissaires des guerres, d'expédier des ordres pour faire donner des guêtres & des souliers à des recrues, dans un cas de nécessité indispensable dont ils se rendront certains, & il ne pourra être donné d'argent à cet effet, qu'à l'Officier, Sergent ou Soldat, chargé de la conduite de la recrue, qui sera muni d'un billet de l'Officier chargé du détail du régiment, justifiant le corps où il sert, & la signature de ce billet sera certifiée par le Trésorier du lieu où sera la troupe.

Défenses de faire aucune avance aux Troupes.

Les Commissaires des guerres feront exactement leurs revûes tous les mois aux troupes, conformément à ce qui est prescrit par l'ordonnance de Sa Majesté du 30 juin dernier, & ils en enverront des extraits au Secrétaire d'État ayant le département de la guerre, le premier de chaque mois qui suivra celui où ils auront fait les revûes, & en remettront en même temps de pareilles expéditions à

Revûe des Commissaires des guerres tous les mois.

l'Intendant de la Province, au Tréforier de la Place, ainfi qu'aux Munitionnaires des vivres & autres Fourniffeurs.

Décompte des payes de gratification pendant le temps de la marche des troupes par étape.

Sa Majefté ayant été informée qu'il y auroit eu quelque difficulté pour le décompte des payes de gratification pendant le temps que les troupes marchent par étape; & voulant y pourvoir, Elle ordonne que ce décompte foit fait par les Commis de l'Extraordinaire des guerres, pour le temps que la troupe aura été en route, fur la revûe de l'arrivée de cette troupe au lieu de fa deftination, & fur le pied réglé par les précédentes ordonnances.

PREST des Cavaliers, Carabiniers, Huffards & Dragons.

SA MAJESTÉ jugeant néceffaire qu'il refte à la fin de chacun des douze mois de l'année, quelque argent aux Cavaliers, Carabiniers, Huffards & Dragons, pour s'entretenir de linge, culotte, bas & fouliers : Et voulant que les chofes demeurent réglées entre les Capitaines & lefdits Cavaliers, Carabiniers, Huffards & Dragons, de manière qu'il n'y ait aucune difficulté fur le décompte à faire entr'eux; Sa Majefté ordonne que chaque Cavalier & Huffard touche fix fols par jour pour fa fubfiftance, chaque Carabinier fept fols, chaque Cavalier du régiment Irlandois de Filtzjames, huit fols, & chaque Dragon cinq fols fix deniers, fur lefquels il fera tenu d'entretenir le ferrage de fon cheval; que le fol de furplus reftera entre les mains du Major, de l'Aide-major, ou Officier chargé du détail de chaque corps, qui leur délivrera tous les trois mois les quatre livres dix fols à quoi cela montera, après avoir examiné s'ils font fournis de linge, culotte, bas & fouliers; & s'ils en manquoient, il leur en fera faire l'emplette fur ce fonds, & leur remettra exactement le reftant s'il s'en trouve.

Entend Sa Majefté ne point comprendre dans cette difpofition diſpoſition le régiment de Cavalerie des Volontaires de Schomberg, dont les Brigadiers, Sous-brigadiers & Volontaires doivent recevoir leur ſolde ſans aucune déduction.

XV.

OFFICIERS RÉFORMÉS

DANS LES PROVINCES.

Les Colonels & Lieutenans-colonels réformés d'Infanterie françoiſe, qui par l'ancienneté de leurs ſervices doivent avoir des appointemens, continueront d'en être payés dans les provinces, ſur les états & ordres qui ſeront expédiés à cet effet, ſur le pied de neuf cens livres par an à chaque Colonel, & de ſept cens livres à chaque Lieutenant-colonel. *Colonels & Lieutenans-colonels d'Infanterie françoiſe.*

Les Meſtres-de-camp & Lieutenans-colonels réformés de Cavalerie, retirés dans les provinces, auxquels Sa Majeſté a accordé des appointemens, continueront d'en être payés ſur les états & ordres qui ſeront expédiés à cet effet. *Meſtres-de-camp & Lieutenans-colonels de Cavalerie françoiſe.*

Les Meſtres-de-camp & Lieutenans-colonels réformés de Dragons, qui doivent avoir auſſi des appointemens par l'ancienneté de leurs ſervices, ſeront payés dans leur province, ſuivant les états & ordres qui ſeront envoyés, ſur le pied de deux mille livres par an à chaque Meſtre-de-camp qui a eu un régiment, mille livres à chacun des autres, & ſix cens livres à chaque Lieutenant-colonel. *Meſtres-de-camp & Lieutenans colonels de Dragons.*

Les Officiers réformés, tant d'Infanterie que de Cavalerie & de Dragons, entretenus dans les Places en qualité de Partiſans, ſeront payés en paſſant préſens aux revûes, *Officiers reformés, Partiſans d'Infanterie, Cavalerie &*

Dragons, entretenus dans les Places.

des appointemens qui leur ont été réglés suivant les états & ordres signés du Secrétaire d'État ayant le département de la guerre.

Capitaines & Lieutenans réformés d'Infanterie, de Cavalerie & de Dragons, renvoyés dans leur province.

Les Capitaines & Lieutenans réformés d'Infanterie, de Cavalerie & de Dragons, ci-devant attachés à la suite des régimens, ou entretenus à la résidence des Places, qui ont été renvoyés dans leur province, continueront d'y être payés de leurs appointemens, sur les états qui seront envoyés tous les six mois aux Intendans desdites provinces, ainsi qu'il s'est pratiqué par le passé.

X V I.

F O U R R A G E.

Les Officiers des régimens & corps de troupes, tant d'Infanterie Françoise, Suisse, Allemande, Italienne, Irlandoise & Écossoise, que de la Gendarmerie, Cavalerie françoise & étrangère, Carabiniers, Hussards, Dragons, & de Troupes légères, qui serviront dans les Armées, commenceront à avoir du fourrage d'hiver, à compter de l'époque qui en sera fixée, jusqu'au temps que lesdites troupes se mettront en campagne, sur le pied ci-après expliqué.

Composition de la ration de fourrage d'Infanterie.

La ration de fourrage d'Infanterie Françoise, Suisse, Allemande, Italienne, Irlandoise & Écossoise, & Troupes légères à pied, sera composée de douze livres de foin & de huit livres de paille, ou de seize livres de foin sans paille où il n'y en aura point, & d'un demi-boisseau d'avoine, mesure de Paris; & il en sera délivré, savoir;

INFANTERIE FRANÇOISE.

Pour les Officiers d'Infanterie françoise, quatre rations par jour à chaque Capitaine en pied, pareil nombre de

quatre rations à chaque Capitaine en second ci-devant *Fourrages.*
en pied, provenant de la réforme de 1748, & qui tient
lieu de Lieutenant aux compagnies ; & deux rations à *Compagnies.*
chaque Lieutenant, Sous-lieutenant & Enseigne, même
aux Lieutenans en second & Sous-lieutenans que Sa
Majesté a bien voulu conserver sans appointemens dans
les compagnies de Fusiliers de son régiment d'Infanterie,
par ordonnances des 20 février 1749 & 8 novembre
1750 : Et pour l'État-major, dix rations par jour à chaque *État-major.*
Colonel de régiment, sans compagnie ; sept rations au
Lieutenant-colonel, aussi sans compagnie ; six rations au
Commandant de chacun des second, troisième & quatrième bataillons, qui n'ont point aussi de compagnie ;
cinq rations au Major, même au second du régiment du
Roi ; trois rations à l'Aide-major, une ration à l'Aumônier,
& une ration au Prevôt des régimens qui ont Prevôté ; les
Chirurgiens & Maréchaux-des-logis n'en devant point avoir.

Au Colonel-lieutenant du régiment d'Infanterie de Sa *Colonel-lieute-*
Majesté, qui conserve sa compagnie, six rations par jour, *nant du régiment*
outre celles qui lui sont attribuées en qualité de Capitaine ; *du Roi, & Colo-*
huit rations au sieur Chevalier de Beauveau, Colonel en *nels en second.*
second du régiment des Gardes de Lorraine ; pareilles
huit rations au Colonel-commandant du régiment de
Royal-Italien, qui n'a point de compagnie ; & quatre
rations à celui de Royal-Corse, indépendamment de
celles qui lui sont attribuées en qualité de Capitaine.

A l'égard des Officiers réformés à la suite des régimens *Officiers réformés*
d'Infanterie françoise, ils auront du fourrage, sur le pied *d'Infanterie*
par jour, de six rations à chaque Colonel, quatre rations *françoise.*
à chaque Lieutenant-colonel, deux rations à chaque
Capitaine, & une ration à chaque Lieutenant.

P ij

Corps des Grenadiers de France. Fourrage. État-major.

Pour le corps des Grenadiers de France, quatre rations de fourrage par jour à chaque Capitaine, & deux rations à chaque Lieutenant en premier, Lieutenant en second & Enseigne : Et pour les Officiers de l'État-major, douze rations à l'Inspecteur commandant en chef du corps ; dix rations au sieur de Lanjamet, Commandant en second dudit corps ; huit rations aussi par jour à chaque Colonel, & sept rations à chaque Lieutenant-colonel, pendant le temps seulement que lesdits Colonels & Lieutenans-colonels feront de service audit corps ; douze rations au Major ayant rang de Colonel, six rations à l'Aide-major du Corps, ayant rang de Major d'Infanterie ; quatre rations à chaque Aide-major de brigade, trois rations à chaque Sous-aide-major, & une ration à l'Aumônier.

Royal-Lorraine & Royal-Barrois. Compagnies.

Sa Majesté ayant bien voulu accorder du fourrage *gratis* aux Officiers des régimens de Royal-Lorraine & Royal-Barrois, dans le cas où elle en fait fournir aux Officiers de ses troupes d'Infanterie, cette fourniture leur sera faite sur le pied par jour, de quatre rations à chaque Capitaine en pied & Capitaine en second, & deux rations à chaque Lieutenant en premier, Lieutenant en second ou Enseigne : *État-major.* Et pour l'État-major, dix rations au Colonel, sept au Lieutenant-colonel, qui ne doivent point avoir de compagnie ; cinq rations au Major, trois à l'Aide-major, & une à l'Aumônier & au Prevôt.

Corps Royal de l'Artillerie. Fourrage. Compagnies d'Ouvriers, Canonniers & Bombardiers.

Pour le Corps Royal de l'Artillerie, les Officiers de chacune des compagnies d'Ouvriers, Canonniers & Bombardiers, recevront du fourrage sur le pied par jour, savoir, de quatre rations à chacun des Capitaine en premier & Capitaine en second, & deux rations à chacun des premier Lieutenant & Lieutenant en second. A l'égard

des Officiers de l'État-major de chaque brigade, le four- *État-major.*
rage leur fera délivré à raifon par jour, de douze rations
au Chef de brigade, dix rations au Colonel qui na point
de compagnie, fept rations au Lieutenant-colonel, auffi
fans compagnie; cinq rations au Major, trois rations à
l'Aide-major, deux rations à chacun des Sous-aide-
major & Garçon-major, & une ration à l'Aumônier.

Chaque compagnie de Sappeurs aura du fourrage pour *Sappeurs.*
les Officiers, fur le pied par jour, de quatre rations au
Capitaine, & deux au Lieutenant. Le premier Capitaine-
commandant les fix compagnies, aura fix rations par jour,
tant en qualité de Capitaine qu'en celle de Commandant;
le Major cinq rations, & l'Aide-major trois.

Et chaque compagnie de Mineurs à raifon par jour, *Mineurs.*
de quatre rations au Capitaine en premier, pareil nombre
de quatre rations au Capitaine en fecond, & deux
rations à chacun des Lieutenant & deux Lieutenans en
fecond.

Le premier Capitaine-commandant les fix compagnies,
aura fix rations par jour, le premier Capitaine en fecond,
établi dans la première compagnie, quatre rations, le
Major cinq rations, & l'Aide-major trois.

Ceux des Officiers des régimens de Grenadiers-royaux *MILICES.*
& des cent cinq bataillons de Milices des provinces du
royaume, que Sa Majefté voudra, dans le cas de guerre,
faire camper & fervir en campagne dans fes armées, auxquels Elle jugera à propos d'accorder du fourrage d'hiver, *Fourrage.*
dont Sa Majefté fixera l'époque que lefdits Officiers
commenceront à en avoir, comme il eft dit à l'article
de l'Infanterie françoife, le recevront fur le pied par
jour, favoir;

RÉGIMENS de GRENADIERS ROYAUX. Compagnies de Grenadiers & de Grenadiers-postiches.

Pour les Officiers des régimens des Grenadiers-royaux, à raison de quatre rations à chacun des Capitaines de Grenadiers & de Grenadiers-postiches, deux rations à chacun des premier & second Lieutenans de Grenadiers, pareille quantité de deux rations à chaque Lieutenant de Grenadiers-postiches, & à chacun des deux seconds Lieutenans qui ont été établis par l'ordonnance du 5 décembre 1756, aux Grenadiers-postiches des deux premières compagnies de chacun desdits régimens de Grenadiers-royaux, pour porter les drapeaux.

Compagnies de Fusiliers des bataillons de Milice.

Pour les Officiers des compagnies de Fusiliers de chaque bataillon de Milice, à raison par jour, de trois rations de fourrage à chaque Capitaine, & deux rations à chaque Lieutenant.

État-major des régimens de Grenadiers-royaux.

A l'égard des Officiers de l'État-major de chacun des régimens de Grenadiers-royaux, ils recevront du fourrage, à raison par jour, de dix rations à chaque Colonel qui ne doit point avoir de compagnie ; sept rations au Lieutenant-colonel, aussi sans compagnie ; cinq rations au Major, & trois rations à l'Aide-major de chaque bataillon.

État-major des cent cinq autres bataillons de Milice.

Et les Officiers de l'État-major des cent cinq bataillons de Milice, sur le pied par jour, savoir, de sept rations au Commandant de bataillon qui aura le titre de Lieutenant-colonel, & seulement six rations au Commandant qui ne sera point Lieutenant-colonel, & trois rations à l'Aide-major de chaque bataillon.

INFANTERIE SUISSE & GRISONNE. Compagnies.

Sa Majesté ayant bien voulu accorder le fourrage *gratis* aux Officiers des régimens d'Infanterie Suisse & Grisonne qui sont à son service, dans le cas où ces régimens serviroient dans les armées, & qu'Elle en fera fournir aux Officiers de son Infanterie françoise, son intention est que cette fourniture leur soit faite en passant présens aux revûes des Commissaires des guerres, sur le pied par jour, de quatre rations au Capitaine titulaire, ou en son absence au Capitaine-commandant; pareilles quatre rations au Capitaine - lieutenant, & deux rations à chacun des Lieutenans, Sous-lieutenans & Enseignes.

Et pour l'État-major, six rations au Colonel, trois au Lieutenant-colonel, & deux au Commandant du second bataillon, indépendamment de celles qui leur sont attribuées comme Capitaines; cinq rations au Major, trois à chaque Aide-major, & une à chacun des Aumônier & Prevôt. *État-major.*

Les Officiers des régimens d'Infanterie Allemande d'Alsace, d'Anhalt, la Marck, Royal - Suédois, Royal-Bavière, Nassau & Royal-Deux-Ponts, ceux des régimens de Bouillon, de Vierzet & d'Horion, recevront aussi le fourrage *gratis* dans le cas où ces régimens serviroient dans les armées, & que Sa Majesté en fera fournir aux Officiers de son Infanterie françoise, sur le pied par jour, de quatre rations au Capitaine en pied, pareilles quatre rations au Capitaine - lieutenant ou en second, & deux rations à chacun des Lieutenant en premier, Lieutenant en second, & Sous-lieutenant ou Enseignes. *INFANTERIE ALLEMANDE.* *Compagnies.*

Et pour l'État-major, six rations au Colonel ou Colonel-commandant qui ont compagnie, trois au Lieutenant-colonel, deux au Commandant de bataillon, indépendamment des rations qui leur sont attribuées comme Capitaines; cinq rations au Major, quatre à chaque Aide-major, trois à chaque Sous-aide-major, deux à chaque Enseigne, & une à chacun des Aumônier, Chirurgien & Prevôt. *État-major.*

Colonel en second & Colonel-commandant des régimens de Bouillon, Vierzet & d'Horion.

INFANTERIE ITALIENNE, IRLANDOISE & ÉCOSSOISE.

Fourrage Compagnies.

Le Colonel en second du régiment de Bouillon, & les Colonels-commandans des régimens de Vierzet & d'Horion, recevront huit rations de fourrage par jour.

Les Officiers des compagnies & État-major des régimens d'Infanterie Italienne, Irlandoise & Écossoise, auront du fourrage, sur le pied par jour, savoir, de quatre rations à chaque Capitaine en pied & à chacun des Capitaines en second attachés aux compagnies comme second Officier; quatre rations au Capitaine de Grenadiers réformé, ci-devant en pied & attaché au régiment Royal-Italien; pareille quantité de quatre rations à chaque Capitaine en second, ci-devant en pied dans le régiment d'Infanterie Écossoise d'Albanie, & entretenus dans ceux de Royal-Écossois & d'Ogilvy, aussi d'Infanterie Écossoise; & deux rations à chaque Lieutenant en premier, Lieutenant en second, Sous-lieutenant & Enseigne.

État-major.

Pour le fourrage des Officiers de l'État-major de chacun desdits régimens d'Infanterie Italienne, Irlandoise & Écossoise, il leur sera délivré sur le pied par jour, de dix rations à chaque Colonel, sept rations à chaque Lieutenant-colonel, lesquels Colonels & Lieutenans-colonels ne doivent point avoir de compagnie; cinq rations à chaque Major, trois rations à chaque Aide-major, une ration à chacun des Aumôniers, & une ration au Prevôt qui est en chacun des régimens Royal-Italien, Royal-Corse, & de ceux de Rothe & Berwick d'Infanterie Irlandoise.

Le Colonel-commandant du régiment Royal-Italien, qui n'a point de compagnie, recevra huit rations de fourrage par jour.

Le Colonel-commandant du régiment Royal-Corse,

qui

qui a compagnie, recevra quatre rations de fourrage par jour, indépendamment de celles qu'il reçoit comme Capitaine.

Le Colonel en second du régiment Irlandois de Dillon, recevra huit rations de fourrage par jour.

Les Officiers réformés à la suite des régimens d'Alsace, d'Anhalt, de la Marck, Royal-Suédois, Royal-Bavière, Naffau & Royal-Deux-Ponts, recevront le fourrage fur le pied par jour, de fix rations à chaque Colonel, quatre rations à chaque Lieutenant-colonel, quatre rations à chaque Commandant de bataillon, trois rations à chaque Capitaine, & deux rations à chaque Lieutenant.

A l'égard des Officiers réformés à la fuite des régimens d'Infanterie Suiffe & Grifonne & des autres régimens d'Infanterie étrangère, ils auront du fourrage, à raifon par jour, de fix rations à chaque Colonel, quatre rations à chaque Lieutenant-colonel, deux rations à chaque Capitaine, & une ration à chaque Lieutenant.

Officiers réformés à la fuite de l'Infanterie Suiffe & Grifonne, & d'Infanterie étrangère.

Veut Sa Majefté qu'il foit fourni une ration de fourrage de Cavalerie par jour, pour la nourriture de chacun des trois chevaux deftinés au fervice des pièces de canon à la Suédoife en chacun des bataillons d'Infanterie françoife & étrangère, & des Troupes légères qui fervent dans fes armées.

Chevaux deftinés au fervice des pièces de canon à la Suédoife.

Et qu'il foit pareillement fourni une ration de fourrage de Cavalerie par jour, pour la nourriture de chacun des chevaux ordonnés pour porter les tentes des Soldats en chacun des bataillons d'Infanterie françoife & étrangère, de ceux du Corps royal de l'Artillerie, & des compagnies de Sappeurs & de Mineurs feulement, qui ferviront auffi dans fes armées.

Chevaux ordonnés pour porter les tentes des Soldats en chacun des bataillons d'Infanterie françoife & étrangère, & du Corps royal de l'Artillerie.

La ration de fourrage des troupes de la Gendarmerie ; Cavalerie françoife & étrangère, Carabiniers, Huffards, Dragons & Troupes légères à cheval, fera compofée de quinze livres de foin & de cinq livres de paille, ou de dix-huit livres de foin fans paille où il n'y en aura point, & des deux tiers du boiffeau d'avoine, mefure de Paris, dont les vingt-quatre boiffeaux font le fetier de ladite mefure.

L'intention de Sa Majefté eft qu'il foit fourni une ration de fourrage par jour à chaque cheval de Gendarme & de Chevau-léger de la Gendarmerie, & de chaque Brigadier, Sous-brigadier, Fourrier, Carabinier, Cavalier, Huffard, Dragon, Volontaire, Chaffeur, Timbalier, Trompette & Tambour des compagnies à cheval, les Officiers ne devant avoir qu'une ration chacun, en temps de paix, ainfi qu'il fera expliqué ci-après, en fe conformant à ce qui eft prefcrit par l'article IV de l'ordonnance du 3 juillet 1749, tant pour les Troupes qui doivent être fournies en nature des magafins établis à cet effet, que pour celles qui fe trouveront dans le cas d'avoir la difpofition de leurs fourrages ; laquelle fourniture de fourrage auxdites Troupes ne doit avoir lieu que pour le nombre de chevaux préfens & effectifs aux revûes des Commiffaires des guerres.

Et le cas de guerre arrivant, ainfi qu'il eft dit ci-deffus, les Officiers defdites troupes de Gendarmerie, Cavalerie françoife & étrangère, Carabiniers, Huffards, Dragons, & de Troupes légères à cheval, que Sa Majefté feroit fervir en campagne dans fes armées, recevront le fourrage d'hiver, à commencer du jour qu'Elle leur fixera, fur le pied ci-après, par jour, favoir ;

Les grands Officiers des dix compagnies de Gendarmes

de la Gendarmerie ne devant point avoir de fourrage, il en sera seulement fourni deux rations à chaque Maréchal-des-logis desdites compagnies.

Les Officiers des six compagnies des Chevaux-légers de ladite Gendarmerie, recevront le fourrage, à raison par jour, de dix rations à chaque Capitaine-lieutenant, quatre rations à chaque Sous-lieutenant, trois rations à chaque Cornette, & deux rations à chaque Maréchal-des-logis.

Et pour les Officiers de l'État-major de ladite Gendarmerie, douze rations par jour au Major, huit rations à l'Aide-major, six rations à chacun des deux Sous-aides-majors, deux rations à chacun des deux Aumôniers, & une ration au Chirurgien.

Pour les régimens de Cavalerie françoise, celui de Filtzjames Irlandois, & celui de Raugrave de Cavalerie Liégeoise, six rations de fourrage par jour à chaque Capitaine, quatre rations à chaque Lieutenant, pareille quantité de quatre rations au Sous-lieutenant qui est en la compagnie Colonelle du régiment du Colonel général de la Cavalerie, trois rations à chaque Cornette, & deux rations à chaque Maréchal-des-logis.

Et pour les Officiers de l'État-major desdits régimens de Cavalerie Françoise, Irlandoise & Liégeoise, six rations aux Mestres-de-camp de chacun des régimens du Colonel général, Mestre-de-camp général & Commissaire général de la Cavalerie, qui conservent leur compagnie; & ce en leurdite qualité de Mestres-de-camp, & indépendamment des rations qu'ils reçoivent comme Capitaine; douze rations à chacun des autres Mestres-de-camp, y compris ceux du régiment de Filtzjames & de Raugrave-Liégeois, tant pour leur fourrage en leurdite qualité;

que pour leur tenir lieu de celui attribué aux Capitaines, ne devant point avoir de compagnie; dix rations à chaque Lieutenant-colonel desdits régimens, tous aussi sans avoir de compagnie; huit rations à chaque Major, quatre rations à chaque Aide-major, & une ration à l'Aumônier & au Chirurgien de chaque régiment. A l'égard des Capitaines qui ont eu troupe, & qui se sont trouvés dans le cas de la réforme de 1748 & 1749, & sont actuellement entretenus à la suite desdits régimens de Cavalerie françoise, de celui de Filtzjames & de celui de Raugrave, ils auront du fourrage, à raison de six rations par jour à chacun desdits Capitaines réformés de Cavalerie françoise, & du régiment de Filtzjames, en passant présens aux revûes.

Officiers réformés de Cavalerie Françoise & Irlandoise, ci-devant en pied.

Carabiniers.

Fourrage.

Compagnies.

Les Officiers du régiment des Carabiniers de M. le Comte de Provence, recevront le fourrage à raison par jour, de six rations à chaque Capitaine, quatre rations à chaque Lieutenant, trois rations à chaque Cornette, & deux rations à chaque Maréchal-des-logis, quatorze rations au Mestre-de-camp-lieutenant, indépendamment des rations qu'il reçoit comme Capitaine, dix rations au Major, ayant rang de Mestre-de-camp, sept rations au premier Aide-major : Et pour l'État-major de chacune des cinq brigades, six rations au Chef de brigade, quatre rations au Lieutenant-colonel, outre ce que ces deux Officiers reçoivent en leur qualité de Capitaine d'une compagnie; six rations à l'Aide-major, quatre rations au Sous-aide-major, & une ration à chacun des Aumônier & Chirurgien, aussi de chaque brigade.

État-major.

Royal-Allemand, Wirtemberg & Nassau-Saarbruck.

Pour les régimens Royal-Allemand, Wirtemberg & de Nassau-Saarbruck, de Cavalerie allemande, six rations par jour à chaque Capitaine, quatre rations à chaque

Lieutenant, trois rations à chaque Cornette, & deux *Fourrage.* rations à chaque Maréchal-des-logis: Et à l'État-major de *Compagnies.* chacun desdits régimens, six rations au Meſtre-de-camp, *État-major.* & quatre rations au Lieutenant-colonel, indépendamment des rations qu'ils reçoivent chacun comme Capitaine d'une compagnie; huit rations au Major, quatre rations à l'Aide-major, & une ration à chacun des Aumônier & Chirurgien; en obſervant que les deux Majors & deux *Deux Lieute-* Aides-majors qu'il y a dans le régiment de Royal-Alle- *nans - colonels,* mand, doivent avoir la même quantité de rations de *deux Majors &* fourrage ci-deſſus réglée pour chacun des Officiers de *deux Aides-* ces grades; dans le régiment Royal-Allemand, deux ra- *majors dans le* tions par jour au Maréchal-des-logis dudit régiment, *régiment Royal-* trois rations au Prevôt, deux rations à ſon Lieutenant, *Allemand.* pareille quantité de deux rations au Greffier, & une ration à chacun des quatre Archers & à l'Exécuteur de juſtice; & dans le régiment de Wirtemberg, une ration à chacun des Auditeur, Greffier, trois Archers & un Exécuteur de juſtice.

Les Officiers du régiment de Cavalerie légère de Corſe, recevront le fourrage ſur le pied par jour, ſa-voir, de ſix rations au Capitaine, quatre au Lieutenant, deux au Maréchal-des-logis: Et ceux de l'État-major, à raiſon de douze rations au Meſtre-de-camp, dix au Lieu-tenant-colonel, leſquels n'ont point de compagnie; huit rations au Major, quatre à l'Aide-major, & une à chacun des Aumônier, Chirurgien & Porte-bannière.

Pour les Officiers des régimens de Huſſards, ſix rations *HUSSARDS.* par jour à chaque Capitaine, quatre rations au premier *Fourrage.* Lieutenant, trois rations au ſecond Lieutenant, pareille *Compagnies.* quantité de trois rations à chaque Cornette, & deux

État-major. rations à chaque Maréchal-des-logis: Et pour l'État-major, douze rations à chaque Meſtre-de-camp qui ne doit point avoir de compagnie; dix rations au Lieutenant-colonel, *Lieutenans-colonels en ſecond provenant de l'in-corporation.* auſſi ſans compagnie; huit rations au Lieutenant-colonel en ſecond, provenant de l'incorporation des trois régimens qui ont été ſupprimés par ordonnance du 30 octobre 1756; huit rations au Major, quatre rations à chacun des deux Aides-major, & une ration à chacun des Aumônier & Chirurgien de chacun deſdits régimens.

Capitaines ré-formés provenant de l'incorpora-tion des régimens ſupprimés. Et à l'égard des Capitaines ci-devant en pied, & des Majors, provenant de l'incorporation des régimens d'Huſ-ſards, & entretenus en qualité de Capitaines réformés à la ſuite deſdits régimens qui exiſtent, ils recevront chacun ſix rations de fourrage par jour.

Les deux corps de Chaſſeurs à pied, attachés aux régimens de Berchény & Turpin, recevront le fourrage ſur le pied par jour, de quatre rations à chaque Capitaine de Grenadiers ou de Fuſiliers, deux rations à chaque Lieutenant ou Sous-lieutenant de Grenadiers ou de Fuſiliers; ſept rations au Lieutenant-colonel, & trois rations à l'Aide-major.

Royal-Nassau. Fourrage. Compagnies. Pour le régiment de Royal-Naſſau, ſix rations à chaque Capitaine, quatre rations à chaque Lieutenant en premier, trois rations à chaque Lieutenant en ſecond, pareille quantité de trois rations à chaque Cornette, & deux rations à chaque Maréchal-des-logis: Et pour les *État-major.* Officiers de l'État-major, ſix rations au Meſtre-de-camp, indépendamment des ſix rations qu'il reçoit comme Capitaine; dix rations au Lieutenant-colonel qui n'a point de compagnie, huit rations au Major, quatre rations à l'Aide-major, une ration à chacun des Aumônier & Chirurgien, & deux rations au Prevôt.

Les Officiers du régiment des Volontaires de Schom- *Volontaires de SCHOMBERG. Fourrage. Compagnies.*
berg, recevront le fourrage fur le pied par jour, de fix
rations à chaque Capitaine chef de brigade, quatre rations à chacun des Capitaines en fecond & Lieutenant
en premier, trois rations à chaque Lieutenant en fecond
& Cornette, & deux rations à chaque Maréchal-des-logis :
Et pour l'État-major dudit régiment, douze rations au *État-major.*
Meftre-de-camp qui ne doit point avoir de brigade, &
quatre rations au Lieutenant-colonel, indépendamment
de celles qui lui font attribuées comme Chef de brigade ;
huit rations au Major, quatre rations à l'Aide-major, &
une ration à chacun des dix-fept petits Officiers, qui
doivent tous être montés, favoir, un Auditeur, un Aumônier, un Maréchal-des-logis, un Chirurgien-major,
un Prevôt, un Timbalier, quatre Hautbois, un Maître
Charpentier & fix Charpentiers.

Les Officiers des compagnies & États-majors des régi- *DRAGONS. Fourrage. Compagnies.*
mens de Dragons, recevront le fourrage, à raifon par
jour, de fix rations à chaque Capitaine, quatre rations à
chaque Lieutenant, pareilles quatre rations au Sous-
lieutenant qui eft en la compagnie Générale du régiment du Colonel général, trois rations à chaque Cornette, & deux rations à chaque Maréchal-des-logis : Et
pour l'État-major, fix rations au Colonel général & *État-major.*
au Meftre-de-camp général des Dragons, qui confervent chacun leur compagnie ; & ce, indépendamment
des rations qui leur font attribuées comme Capitaines ;
douze rations à chacun des autres Meftres-de-camp
qui n'ont point de compagnie, dix rations à chaque Lieutenant-colonel, auffi fans compagnie ; huit rations à
chaque Major, quatre rations à chacun des premier &

second Aides-major, & une ration aussi par jour à chaque Aumônier.

Il sera aussi fourni du fourrage au sieur Comte de Rosen, Mestre-de-camp en second du régiment de Wirtemberg, & au sieur Marquis de Pons, Mestre-de-camp en second du régiment de Dragons d'Orléans, sur le pied par jour, de dix rations à chacun. Et au sieur le Maire, qui a eu pendant la dernière guerre une commission de Capitaine pour commander la compagnie de Castellanne, dans le régiment de Dragons d'Orléans, six rations par jour.

Officiers réformés de Cavalerie & de Dragons. Fourrage.

Les Officiers réformés qui auront ordre de servir à la suite des régimens de Cavalerie françoise, étrangère, & de Dragons, à l'exception de ceux du régiment de Filtzjames dont il sera parlé ci-après, recevront le fourrage sur le pied par jour, de six rations à chaque Mestre-de-camp; pareille quantité de six rations à chaque Lieutenant-colonel; quatre rations à chaque Capitaine, & deux rations à chaque Lieutenant.

Officiers réformés du régiment de Filtzjames. Fourrage.

Les Officiers réformés qui auront aussi ordre de servir à la suite du régiment de Cavalerie de Filtzjames, auront le fourrage à raison par jour, de neuf rations à chaque Mestre-de-camp, huit rations à chaque Lieutenant-colonel, cinq rations à chaque Capitaine, & trois rations à chaque Lieutenant.

TROUPES LÉGÈRES. LÉGION-ROYALE. Fourrage. Compagnies d'Ouvriers. Compagnies de Grenadiers.

Les Officiers des compagnies & de l'État-major de la Légion-royale, recevront le fourrage sur le pied par jour, savoir, au Capitaine de la compagnie d'Ouvriers, trois rations d'Infanterie, & deux rations à chacun des Lieutenant, Lieutenant en second & Sous-lieutenant; pour les compagnies de Grenadiers, quatre rations d'Infanterie

fanterie à chaque Capitaine, & deux rations à chacun des Lieutenant & Lieutenant en fecond; & pour les Compagnies de cent vingt-cinq hommes. compagnies de cent vingt-cinq hommes, dont foixante-quinze d'Infanterie & cinquante Dragons montés, fix Capitaine titulaire. rations de Cavalerie au Capitaine titulaire de chacune defdites compagnies, trois rations d'Infanterie à chaque Infanterie. Capitaine en fecond des hommes à pied, & deux rations à chaque Lieutenant & Lieutenant en fecond; quatre rations à chaque Capitaine en fecond de Dragons, trois Dragons. rations à chaque Lieutenant & Lieutenant en fecond, & deux rations à chaque Maréchal-des-logis; au Capitaine de chacune des deux compagnies de Huffards, fix ra- Compagnies de Huffards. tions par jour, quatre rations à chacun des premier Lieutenant, & trois rations à chacun des fecond Lieutenant & Cornette, & deux rations à chaque Maréchal-des-logis: Et pour l'État-major, douze rations de Cavalerie par jour au Colonel, qui ne doit point avoir de compagnie, dix rations, auffi de Cavalerie; au Colonel commandant en fecond, auffi fans compagnie, trois rations de Cavalerie au Lieutenant-colonel, indépendamment de ce qu'il reçoit comme Capitaine, huit rations, auffi de Cavalerie, au Major; trois rations d'Infanterie à chacun des deux Aides-major des troupes à pied, quatre rations de Cavalerie à chacun des deux Aides-major de Dragons, & une ration d'Infanterie à chacun des Aumônier, Chirurgien, Aide-chirurgien & Prevôt.

LES Officiers de chacun des régimens des Volontaires RÉGIMENS des VOLONTAIRES de FLANDRE, du HAYNAULT, de Flandre, des Volontaires du Haynault, des Volontaires du Dauphiné, des Volontaires de Clermont, & des Volontaires d'Auftrafie, recevront le fourrage fur le pied par jour, de quatre rations d'Infanterie à chaque Capi-

R

du
Dauphiné,
de
Clermont
&
d'Austrasie.

taine de Grenadiers & de Fuſiliers, deux rations à chaque Lieutenant ou Sous-lieutenant de Grenadiers ou de Fuſiliers, ſix rations de Cavalerie à chaque Capitaine de Dragons, quatre rations de Cavalerie à chacun des Lieutenans, trois rations de Cavalerie à chaque Cornette, deux rations de Cavalerie à chaque Maréchal-des-logis: Et pour les États-majors, douze rations de Cavalerie à chaque Colonel, dix rations de Cavalerie à chaque Lieutenant-colonel, qui ne doivent point avoir de compagnie; huit rations de Cavalerie à chaque Major, deux rations d'Infanterie à chaque Commandant de l'Infanterie, outre celles qu'il recevra comme Capitaine; quatre rations de Cavalerie à l'Aide-major de Dragons, quatre rations d'Infanterie à l'Aide-major d'Infanterie, & une ration d'Infanterie à chacun des Aumônier & Chirurgien.

Le ſieur de Romé, Lieutenant-colonel réformé à la ſuite des corps de Troupes légères, recevra ſix rations de fourrage d'Infanterie par jour.

Chaque Capitaine réformé à la ſuite des corps de Troupes légères, recevra trois rations d'Infanterie par jour.

Régiment
Royal-
Cantabres.
Fourrage.
Compagnies.

Les Officiers du régiment Royal-Cantabres, recevront le fourrage ſur le pied par jour, de quatre rations à chaque Capitaine, tant de Grenadiers que de Fuſiliers; trois rations à chaque Capitaine en ſecond, employé dns les quatre premières compagnies de Fuſiliers; & deux à chacun des Lieutenans & Lieutenans en ſecond:

État-major.
Et pour l'État-major, dix rations au Colonel, ſept au Lieutenant-colonel, leſquels n'ont point de compagnie; cinq rations au Major, trois à l'Aide-major, & une à l'Aumônier.

LES Officiers du corps de Chasseurs de Fischer, recevront le fourrage sur le pied par jour, de trois rations d'Infanterie au Capitaine en second de chacune des compagnies à pied, & deux rations à chacun des premier & second Lieutenans & Sous-lieutenans; pour les compagnies à cheval, quatre rations à chaque premier Capitaine en second, trois rations à chaque second Capitaine en second, deux rations à chacun des premier & second Lieutenans, & une ration à chaque Maréchal-des-logis; lesquelles rations de fourrage desdites compagnies à cheval, doivent être de Cavalerie : Et pour l'État-major, douze rations, aussi de Cavalerie, au Commandant du corps, tant en sadite qualité de Commandant, que comme Capitaine en premier des compagnies à pied & à cheval; dix rations de Cavalerie au Lieutenant-colonel sans compagnie, huit rations de Cavalerie au Major, trois rations d'Infanterie à l'Aide-major des compagnies à pied, quatre rations de Cavalerie à l'Aide-major des compagnies à cheval, & une ration d'Infanterie à chacun des Aumônier, Chirurgien & Prevôt.

CHASSEURS de FISCHER.

Fourrage.

Compagnies à pied.

Compagnies à cheval.

État-major.

Les Officiers de la compagnie des Fusiliers-guides, composée de vingt-cinq hommes, dont treize à pied & douze à cheval, recevront le fourrage sur le pied de quatre rations de Cavalerie au Capitaine, deux à chacun des Lieutenant & Lieutenant en second.

Compagnie de Fusiliers-guides.

Les Officiers de la compagnie franche de Volontaires, commandée par le sieur de Cambefort, recevront le fourrage sur le pied de six rations de Cavalerie au Capitaine titulaire, quatre rations d'Infanterie au Capitaine en second d'Infanterie, quatre rations de Cavalerie au Lieutenant de Dragons, trois au Sous-lieutenant, deux à chaque Maréchal-des-logis, & deux rations d'Infanterie aux Lieutenant & Sous-lieutenant d'Infanterie.

Sa Majesté ordonne que lesdites fournitures de fourrage soient régulièrement faites à la Gendarmerie, à la Cavalerie, aux Carabiniers, Hussards, Dragons & Troupes légères à cheval, pour la nourriture des chevaux de brigades & de compagnies; & dans le cas de guerre, comme il est dit ci-dessus, aux Officiers, tant de ces corps, que de ceux d'Infanterie, à commencer de l'époque qu'Elle fixera pour le fourrage d'hiver desdits Officiers.

L'intention de Sa Majesté étant que les Officiers de sa Cavalerie, Hussards & Dragons, & des Troupes légères, soient montés en tout temps, & qu'ils n'aient aucun prétexte pour s'en dispenser, Elle veut qu'il soit fourni une ration de fourrage à chacun desdits Officiers des régimens, qui ne sont point employés aux Armées, & qui sont dans le Royaume, ou auxquels il ne devra pas être délivré de fourrage par des raisons particulières; savoir, une ration de fourrage à chacun des Officiers en pied ou réformés, assujétis aux revûes, des régimens de Cavalerie, Carabiniers, Hussards & Dragons, & aux Maréchaux-des-logis desdites troupes, ainsi qu'aux Officiers de l'État-major, à l'exception seulement des Aumôniers & Chirurgiens.

Et à chacun des Officiers de Cavalerie & Dragons, des corps de Troupes légères, y compris pareillement les Maréchaux-des-logis & les Officiers des États-majors, excepté l'Aide-major, qui se trouvera désigné nommément pour le service de l'Infanterie, & les Aumôniers & Chirurgiens desdits corps, ainsi que la Prevôté, lesquels ne doivent point en avoir.

L'intention de Sa Majeſté eſt auſſi, qu'il ſoit fourni une ration de fourrage par jour aux Maréchaux-des-logis des ſeize compagnies de ſa Gendarmerie, ainſi qu'aux Majors, Aides-majors & Sous-aides-majors, lorſque ledit Corps ne ſera point aux Armées, & que les Officiers n'auront point de fourrage.

Veut Sa Majeſté qu'il ne ſoit délivré aucune ration de fourrage aux Officiers de Gendarmerie, Cavalerie, Carabiniers, Huſſards, Dragons & d'Infanterie, qui ne ſe trouveront pas préſens aux revûes, à moins qu'ils ne ſoient de ſemeſtre, ou n'aient un congé par écrit de Sa Majeſté, contre-ſigné du Secrétaire d'État de la guerre : auxquels Officiers abſens par ſemeſtre, congé, ou ceux qui obtiendront des reliefs, il ne ſera fourni que la moitié des fourrages qu'ils auroient s'ils avoient été préſens ; à l'exception des Colonels, Meſtres-de-camp, Lieutenans- colonels en pied ou réformés, Commandans de bataillon & Majors des régimens, qui auront leurs fourrages en entier, lorſqu'ils ſe feront abſentés par congé, ou ſur les reliefs qui ſeront accordés à ceux qui n'auront pas eu de congé.

Entend Sa Majeſté que le décompte de la ration de fourrage qu'Elle accorde aux Officiers de ſes troupes de Cavalerie, Huſſards, Dragons & Troupes légères, pour la nourriture d'un cheval de monture, ſoit fait en entier à ceux deſdits Officiers qui ſe feront abſentés par ſemeſtre, congé, ou qui obtiendront des reliefs.

Défend très-expreſſément Sa Majeſté auxdits Officiers, Gendarmes, Chevaux-légers, Cavaliers, Carabiniers, Huſſards & Dragons, d'exiger des Gardes-magaſins & Entrepreneurs de la fourniture des fourrages, une plus

grande quantité de rations que celle marquée ci-deſſus;
& auxdits Officiers, ſoit de Gendarmerie, ſoit de Cavalerie, de Carabiniers, de Huſſards & de Dragons, de
rien diminuer ſur les rations ci-deſſus ordonnées pour la
ſubſiſtance du cheval du Gendarme, Chevau-léger, Cavalier, Carabinier, Huſſard & Dragon, pour le donner
à leurs chevaux, ou pour le convertir en argent; à peine
auxdits Officiers d'être caſſés & privés de leurs charges,
& aux Gendarmes, Chevaux-légers, Cavaliers, Carabiniers, Huſſards & Dragons, de la vie.

Défend auſſi Sa Majeſté aux Gardes-magaſins &
Entrepreneurs, de convertir aucune deſdites rations de
fourrage en argent, à moins que leſdits Gardes-magaſins
& Entrepreneurs n'en aient ordre par écrit des Intendans,
à peine de la vie; & aux Officiers, Gendarmes, Chevaux-
légers, Cavaliers, Carabiniers, Huſſards & Dragons,
d'entrer avec eux en aucune compoſition là-deſſus, à peine
aux Officiers d'être caſſés, & aux Gendarmes, Chevaux-
légers, Cavaliers, Carabiniers, Huſſards & Dragons, des
galères.

Fait en outre Sa Majeſté très-expreſſes défenſes auxdits
Officiers, Gendarmes, Chevaux-légers, Cavaliers, Carabiniers, Huſſards & Dragons, de vendre aucun fourrage,
& aux habitans des villes & lieux où ils ſeront logés, &
des environs, d'en acheter d'eux, ſur les mêmes peines
auxdits Officiers, d'être caſſés; & aux Gendarmes, Chevaux-
légers, Cavaliers, Carabiniers, Huſſards & Dragons, des
galères; & ſur peine auxdits habitans, de trois cens livres
d'amende. Ordonne Sa Majeſté aux Commiſſaires des
guerres, employés à la police de ſes troupes, de délivrer
auxdits Gardes-magaſins ou Entrepreneurs, des extraits

des revûes qu'ils en feront; & auxdits Gardes-magafins & Entrepreneurs, de ne fournir de fourrage à chaque compagnie, que fur le pied qu'ils verront par lefdits extraits qu'elle aura paffé à la revûe qui en aura été faite, & qu'il n'en foit fourni à aucun des Officiers qui ne feront point compris pour préfens dans lefdits extraits, fur lefquels ils compteront des fournitures qu'ils auront faites; fe conformant en ce qui eft dit ci-deffus pour les Officiers qui feront abfens par femeftre, fur des congés de Sa Majefté, ou qui obtiendront des reliefs, aux équipages defquels il fera fourni du fourrage, comme il eft ci-deffus ordonné.

USTENSILE.

LES troupes qui fervent dans les Armées, continueront de recevoir l'uftenfile pendant le quartier d'hiver, fur le pied réglé ci-après, en vertu des ordres particuliers que Sa Majefté en fera expédier, favoir;

Chaque compagnie d'Infanterie françoife, à raifon de douze cens livres pour l'uftenfile entier, & de fix cens livres pour celles qui n'auront que le demi-uftenfile, fur quoi il fera retenu aux compagnies qui recevront douze cens livres, favoir, quatre-vingt-dix livres pour l'uftenfile du Lieutenant; foixante livres pour chaque Sous-lieutenant & Enfeigne, & quinze livres pour l'Aide-major du bataillon; & par rapport à la retenue qui fera pareillement faite fur les compagnies qui n'auront que les fix cens livres de demi-uftenfile, elle fera de quarante-cinq livres pour chaque Lieutenant, de trente livres pour chaque Sous-lieutenant & Enfeigne, & de fept livres dix fols pour l'Aide-major du bataillon; le reftant à chaque compagnie, à la

Uftenfile de l'Infanterie françoife.

Compagnies.

réserve de cent cinquante livres dont il sera parlé ci-après, sera payé au Capitaine pour rendre sa compagnie complète, en état de bien servir, & fournir des tentes à ses Soldats pendant la campagne suivante.

A l'égard des compagnies des autres corps d'Infanterie qui auront l'ustensile, & dont la composition est différente, cet ustensile sera réglé, en proportion de celui ci-dessus de l'Infanterie françoise, par les états que Sa Majesté en fera expédier.

Ustensile des Officiers de l'État-major des régimens. Les Colonels, Lieutenans-colonels & Commandans de bataillon n'ayant plus de compagnie, tant de l'Infanterie françoise, que des autres troupes qui auront l'ustensile, Sa Majesté voulant bien avoir égard aux dépenses indispensables & particulières qu'ils feront pendant la campagne, Elle ordonne qu'il leur soit payé, à titre d'ustensile, savoir, à chaque Colonel ou Colonel en second, six cens livres; à chaque Lieutenant-colonel, quatre cens livres; à chaque Commandant de bataillon, sans compagnie, trois cens livres; & quatre cens cinquante livres au Major: Et lorsque les régimens auxquels ces Officiers sont attachés, ne recevront que le demi-ustensile, il ne leur sera payé que la moitié du traitement ci-dessus réglé.

Retenue sur l'ustensile des Officiers des compagnies d'Infanterie. Comme il est de règle de tous les temps, pendant la guerre, de faire retenir par le Trésorier général de l'Extraordinaire des guerres, sur l'ustensile des Capitaines des troupes d'Infanterie, une somme de cent cinquante livres, pour leur être conservée & délivrée pendant la campagne suivante, cette somme de cent cinquante livres leur sera payée à l'armée, à raison de vingt-cinq livres par mois, pendant les mois de mai, juin, juillet, août, septembre & octobre.

Et

Et à l'égard de ce que les Lieutenans, Sous-lieutenans & Enseignes doivent toucher dans l'ustensile des compagnies où ils sont attachés, comme il est détaillé ci-dessus, ils en seront payés par égale portion, dans chacun des mois de mai, juin, juillet, août, septembre & octobre.

Il sera pareillement retenu cent cinquante livres sur l'ustensile de chacun des Colonel, Lieutenant-colonel, Commandant de bataillon & Major de l'Infanterie, & quatre-vingt-dix livres sur l'ustensile des Aides-majors, qui leur seront payés aussi par égale portion pendant les mois de campagne.

Les Officiers réformés d'Infanterie avec appointemens, qui serviront à la suite desdits régimens pendant la Campagne, recevront l'ustensile sur le pied, savoir, de deux cens soixante-dix livres à chaque Colonel, cent quatre-vingt livres à chaque Lieutenant-colonel, quatre-vingt-dix livres à chaque Capitaine, & trente livres à chaque Lieutenant.

Officiers réformés d'Infanterie.

USTENSILE DE LA GENDARMERIE.

CHACUNE des dix compagnies de Gendarmes de la Gendarmerie, qui auront servi la campagne, recevra pendant les cent cinquante jours du quartier d'hiver suivant, quatre-vingt-neuf places d'ustensile par jour, lesquelles seront distribuées (les grands Officiers n'en devant point avoir), savoir, trois places à chacun des quatre Maréchaux-des-logis qu'il y a en chaque compagnie, dont une de supplément ; & les soixante-dix-sept autres places seront pour les deux Brigadiers, les deux Sous-Brigadiers, le Porte-étendard, les soixante-dix Gendarmes & les deux Trompettes.

GENDARMERIE. Dix compagnies de Gendarmes.

S

Six compagnies de Chevaux-légers.

Chacune des six compagnies de Chevaux-légers de la Gendarmerie, recevra aussi, pendant lesdits cent cinquante jours, cent neuf places d'ustensile par jour, le Capitaine-lieutenant en ayant dix; le Sous-lieutenant, quatre; chacun des premier & second Cornette, trois; chacun des quatre Maréchaux-des-logis, deux places, & une de supplément à chacun desdits Maréchaux-des-logis; & les soixante-dix-sept autres places seront pour les deux Brigadiers, les deux Sous-brigadiers, le Porte-étendard, les soixante-dix Chevaux-légers & les deux Trompettes.

Timbaliers de la Gendarmerie.

Les huit Timbaliers qui servent dans les seize compagnies de ladite Gendarmerie, à raison d'un pour deux compagnies, recevront, aussi par jour, une place d'ustensile pendant lesdits cent cinquante jours.

CAVALERIE FRANÇOISE ET ÉTRANGÉRE, CARABINIERS, HUSSARDS & DRAGONS.

CAVALERIE & DRAGONS. Compagnies.

CHAQUE compagnie des régimens de Cavalerie françoise & étrangère, de Carabiniers, de Hussards & de Dragons, qui serviront dans les Armées, recevra l'ustensile pendant les cent cinquante jours du quartier d'hiver, sur le pied par jour, de huit places au Capitaine, dont deux de supplément; six places à chaque Lieutenant, dont deux de supplément; six places au Sous-lieutenant qui est dans chacune des compagnies Colonelle du Colonel général de la Cavalerie, & du Colonel général des Dragons, dont deux de supplément; quatre places à chaque Cornette, dont une de supplément; trois à chaque Maréchal-des-logis, dont une de supplément; & une à chaque Fourrier, Brigadier, Cavalier, Carabinier, Volontaire, Hussard, Dragon, Trompette, Timbalier & Tambour, conformément aux états que Sa Majesté en fera expédier : obfervant que ces places attribuées aux Gendarmes & Chevaux-légers de la Gendarmerie, aux Cavaliers, Carabiniers, Huffards, Dragons, Trompettes, Timbaliers & Tambours, doivent être payées au Capitaine, pour être employées au rétabliffement & entretenement de fa compagnie, & la mettre en état de fervir en campagne ; à la réferve de deux fols par place de Gendarme, Chevau-léger, Cava-lier, Carabinier, Huffard, Dragon, Trompette, Tim-balier & Tambour pendant les cent cinquante jours du quartier d'hiver, qui doivent être retenus par le Tréforier général de l'Extraordinaire des guerres, pour être par lui remis au Major ou Aide-major, pour leur être délivré pendant la campagne fuivante, ainfi qu'il fera dit ci-après.

Et pour chaque État-major de Cavalerie, Carabiniers, *États-majors.* Huffards & Dragons, il fera payé fix places d'uftenfile par jour à chacun des Meftres-de-camp à qui Sa Majefté a confervé les compagnies, ainfi qu'à chaque chef de brigade des Carabiniers, outre les places qu'ils reçoivent comme Capitaines; quatre places à chaque Lieutenant-colonel des brigades dudit régiment des Carabiniers, & des régimens Royal-Allemand, Wirtemberg & de Naffau-Saarbruck, auxquels Sa Majefté a pareillement confervé les compagnies, indépendamment des places qui leur font attribuées comme Capitaines; douze places à chaque Meftre-de-camp fans compagnie, dix places à chaque Lieutenant-colonel, auffi fans compagnie; huit places au Lieutenant-colonel en fecond, qui eft en chacun des deux régimens de Huffards; fix places à chaque Major, quatre à chaque Aide-major, même au fecond Aide-major de Dragons; une place à chacun des Aumônier & Chirurgien dans la Cavalerie, & une place à l'Aumônier dans les Dragons.

ROYAL-ALLEMAND. Prevôté. Deux places au Maréchal-des-logis de l'État-major du régiment Royal-Allemand, deux au Prevôt, une à son Lieutenant, & une à chacun des Greffier, quatre Archers & un Exécuteur.

WIRTEMBERG. Prevôté. Une place à l'Auditeur dans l'État-major du régiment de Wirtemberg, & une à chacun des Greffier, trois Archers & un Exécuteur.

ROYAL-NASSAU. Prevôté. Et deux places au Prevôt qui est dans l'État-major du régiment de Royal-Nassau.

Officiers réformés de Cavalerie & de Dragons. A l'égard des Officiers réformés à la suite des régimens de Cavalerie françoise & étrangère, de Hussards & de Dragons, qui y serviront la campagne, Sa Majesté ordonne que l'ustensile leur soit payé pendant les cent cinquante jours du quartier d'hiver suivant, sur le pied de six places par jour à chaque Mestre-de-camp, cinq à chaque Lieutenant-colonel, quatre à chaque Capitaine, & deux à chaque Lieutenant.

Prix des places d'ustensile. Veut Sa Majesté que les places de l'ustensile personnel des Officiers des troupes de la Gendarmerie, Cavalerie, Carabiniers, Hussards & de Dragons, leur soient payées ainsi qu'il est expliqué ci-après, sur le pied de douze sols chacune pour l'ustensile entier, & de six sols pour le demi-ustensile; & de onze sols par place de Gendarme, Chevau-léger, Cavalier, Carabinier, Hussard & Dragon, pour les compagnies qui auront l'ustensile entier; & cinq sols six deniers pour celles qui n'auront que le demi-ustensile: sur chacune desquelles places de onze sols d'ustensile entier, & de cinq sols six deniers de demi-uſtenſile, le Tréſorier général de l'Extraordinaire des guerres retiendra en ſes mains deux ſols par jour pendant les cent cinquante jours du quartier d'hiver, qui feront la ſomme de quinze livres pour chaque Fourrier, Briga-dier, Sous-brigadier, Gendarme, Chevau-léger, Cavalier, Carabinier, Huſſard, Dragon, Trompette, Timbalier & Tambour; laquelle retenue ſera remiſe au commencement & pendant la campagne au Major, ou en ſon abſence à l'Aide-major de chaque corps, qui la délivrera manuelle-ment à chaque Fourrier, Brigadier, Sous-brigadier, Gen-darme, Chevau-léger, Cavalier, Carabinier, Huſſard, Dragon, Trompette, Timbalier & Tambour, en cinq payemens égaux d'un écu de ſoixante ſols chacun, au 10 des mois de juin, juillet, août, ſeptembre & octobre de ladite campagne; au moyen de quoi, le Capitaine qui recevra l'uſtenſile entier ne touchera que neuf ſols par place de ſa troupe; & celui qui n'aura que le demi-uſtenſile, trois ſols ſix deniers auſſi par place.

Retenue pour l'écu de campagne.

Diſtribution de l'écu de campagne.

Au moyen deſquels payemens ci-deſſus de l'écu de campagne & du ſurplus de l'uſtenſile, leſdits Cavaliers, Carabiniers, Huſſards & Dragons, feront obligés de s'en-tretenir de linge, culotte, bas & ſouliers, & d'entretenir leurs chevaux de ferrage, de tenir leurs armes nettes & d'y faire les menues réparations, en ſorte qu'elles ſoient en bon état. Entend Sa Majeſté que ſi ces armes venoient à être en un état à ne pouvoir plus ſervir, ſans que ce ſoit par la faute du Cavalier ou du Dragon, & qu'il ſoit néceſſaire de les changer, le Capitaine en faſſe la dépenſe, & qu'au ſurplus chaque Capitaine entretienne chaque Carabinier, Cavalier, Huſſard & Dragon, de cheval, houſſe, ſelle, harnois, bride, habillement, manteau, chapeau, bottes & armes.

Sa Majefté ayant réglé que le payement de l'uftenfile perfonnel des Officiers de la Gendarmerie & des régimens de Cavalerie, Carabiniers, Huffards & Dragons, fera fait en plus grande partie, pendant le quartier d'hiver, & le reftant pendant la campagne, Elle ordonne que la diftribution de ce payement fera exécutée de la manière expliquée, favoir:

GENDARMERIE & COMPAGNIE DE CHEVAUX-LÉGERS.

LE Capitaine-lieutenant, qui a dix places d'uftenfiles, en recevra huit pendant les cinq mois d'hiver, & deux pendant les fix mois de campagne, à raifon de trente livres par mois.

Le Sous-lieutenant qui a quatre places, en recevra trois pendant l'hiver, & une pendant la campagne, à raifon de quinze livres par mois.

Le Cornette qui a trois places, en recevra deux pendant l'hiver, & une pendant la campagne, à raifon de quinze livres par mois.

Le Maréchal-des-logis qui a trois places, en recevra deux & demie pendant l'hiver, & une demie pendant la campagne, à raifon de fept livres dix fols par mois.

L'uftenfile des Maréchaux-des-logis des compagnies de Gendarmes, fera payé fur le même pied de ceux des compagnies de Chevaux-légers.

CAVALERIE FRANÇOISE ET ÉTRANGÉRE, CARABINIERS, HUSSARDS & DRAGONS.

Compagnies. LE Capitaine qui a huit places d'uftenfile, en recevra fix pendant les cent cinquante jours du quartier d'hiver, & deux pendant la campagne, à raifon de trente livres par mois.

Le Lieutenant qui a fix places, en recevra cinq pendant l'hiver, & une en campagne, à raifon de quinze livres par mois.

Le Cornette qui a quatre places, en recevra trois pendant l'hiver, & une en campagne, à raifon de quinze livres par mois.

Le Maréchal-des-logis qui a trois places, en recevra deux & demie pendant l'hiver, & une demie en campagne, à raifon de fept livres dix fols par mois.

ÉTAT-MAJOR DES RÉGIMENS DE CAVALERIE
Françoise et Étrangère, de Carabiniers, Hussards et Dragons.

Le Meftre-de-camp qui a confervé fa compagnie, & qui jouit de fix places d'uftenfile en ladite qualité de Meftre-de-camp, indépendamment de celles qui lui font attribuées comme Capitaine, recevra les fix places d'uf-tenfile pendant les cinq mois d'hiver.

Le Meftre-de-camp fans compagnie, & qui jouit de douze places d'uftenfile, recevra dix places en hiver, & deux en campagne, à raifon de trente livres par mois.

Le Lieutenant-colonel fans compagnie, qui a dix places d'uftenfile, recevra huit places pendant l'hiver, & deux en campagne, à raifon de trente livres par mois.

Le Lieutenant-colonel qui a confervé fa compagnie, & qui a quatre places d'uftenfile, indépendamment de celles qui lui font attribuées comme Capitaine, recevra ces quatre places pendant l'hiver.

Le Major qui a fix places, en recevra quatre pendant l'hiver, & deux en campagne, à raifon de trente livres par mois.

L'Aide-major qui a quatre places, en recevra trois pendant l'hiver, & une en campagne, à raison de quinze livres par mois.

A l'égard des Officiers réformés, tant d'Infanterie que de Cavalerie, Huſſards & Dragons, & des Aumôniers, Chirurgiens & Prevôté, ils recevront pareillement une partie de leur uſtenſile pendant l'hiver, & le reſtant en campagne, ainſi qu'il ſera expliqué par l'ordonnance de ſolde de campagne.

Quant aux Troupes légères, tant d'Infanterie que de Cavalerie, elles continueront de recevoir, comme par le paſſé, la totalité de leur uſtenſile pendant l'hiver, même les places d'augmentation dont elles doivent jouir comme les Troupes à cheval.

Retenue ſur l'uſtenſile pour le non-complet des compagnies.

Au moyen des payemens qui ſeront ainſi faits aux troupes d'Infanterie, de Cavalerie, de Carabiniers, de Huſſards & de Dragons, les Officiers ſeront obligés de les mettre en état de ſervir dans le courant du mois de Mai prochain; & Sa Majeſté ordonne qu'il ſoit retenu

Infanterie.

eent cinquante livres ſur l'uſtenſile des Capitaines de Fuſiliers, dont les compagnies paſſeront au nombre ci-après à la revûe qui ſera faite pour ce mois, ſavoir;

Celles des bataillons d'Infanterie françoiſe, à trente-quatre hommes & au deſſous.

Celles des ſix brigades du régiment Royal-Artillerie, à quatre-vingts hommes & au deſſous.

Celles de Sappeurs, à cinquante hommes & au deſſous.

Celles de Mineurs, à cinquante hommes & au deſſous.

De laquelle retenue leſdits Capitaines ne pourront avoir la main-levée par les Inſpecteurs ou ceux qui pourront

ront

ront être commis pour en faire les fonctions en leur absence, qu'après que leurs compagnies auront passé à la revûe des Commissaires des guerres, du mois de Juin, savoir ;

Celles des bataillons d'Infanterie françoise, à trente-huit, trente-neuf ou quarante hommes.

Celles des six brigades du régiment Royal-Artillerie, de quatre-vingt-dix à cent hommes.

Celles de Sappeurs, de cinquante-six à soixante hommes.

Celles de Mineurs, de cinquante-six à soixante hommes.

Veut aussi Sa Majesté qu'au moyen desdits payemens, les Officiers de ses troupes de Cavalerie, de Carabiniers, de Hussards & de Dragons, soient obligés de même de les mettre en état de servir dans le courant du mois de Mai prochain ; & que s'il arrive qu'une compagnie ne se trouve pas complète, montée, armée & équipée comme il convient, à la revûe qui en sera faite pour ledit mois, par les Commissaires ordinaires des guerres, avec les Inspecteurs généraux où il s'en trouvera, il soit retenu un mois d'ustensile, tant des places attribuées à la personne du Capitaine, que celles des Cavaliers, Carabiniers, Hussards & Dragons, en ce non compris l'écu de campagne qui doit être toûjours distribué aux Cavaliers, Carabiniers, Hussards & Dragons, sans pouvoir être retenu sous quelque prétexte que ce soit ; de laquelle retenue il ne pourra avoir la main-levée par les Inspecteurs ou ceux qui pourront être commis pour en faire les fonctions en leur absence, qu'après la revûe du Commissaire des guerres, du mois de Juin suivant,

Cavalerie, Carabiniers, Hussards & Dragons.

T

& que fa compagnie y aura paffé complète d'hommes & de chevaux, & en état de bien fervir.

Ordonne Sa Majefté aux Commiffaires des guerres qui feront chargés de la police de fes Troupes, qu'après qu'ils auront fait leurs revûes de Mai, avec les Infpecteurs généraux où il s'en trouvera, ils aient à informer auffi-tôt les Intendans dans les départemens defquels ils feront, des compagnies qui à cette revûe ne fe trouveront pas complètes & en bon état, afin qu'ils faffent faire les retenues fur l'uftenfile, ainfi qu'il eft expliqué dans les deux articles précédens, aux Capitaines d'Infanterie, de Cavalerie, de Carabiniers, de Huffards & de Dragons : Entend auffi Sa Majefté que lefdits Commiffaires des guerres & Infpecteurs généraux où il s'en trouvera, dé-clarent en même temps de fa part aux Capitaines, que ceux qui à la revûe qui fe fera des Troupes pour le mois de Juin, n'auront pas leur compagnie complète & de tout point en état de fervir, telle raifon qu'ils puiffent avoir, feront caffés & mis en prifon, jufqu'à ce qu'ils aient reftitué tout ce qu'ils auront reçû d'uftenfile pendant l'hiver, fans avoir égard aux dépenfes qu'ils auront faites à leur compagnie : Déclarant Sa Majefté aux Colonels, Meftres-de-camp & Lieutenans-colonels des régimens dans lefquels il fe trouvera de mauvaifes compagnies, qu'Elle les en rendra refponfables en leur nom, comme ayant négligé de prendre le foin qu'ils doivent avoir que les Capitaines travaillent utilement à leur rétabliffement.

X V I I.

DÉCOMPTE DES TROUPES
d'Infanterie en marche ; & Supplément de solde en route.

SA MAJESTÉ voulant accélérer le payement du décompte accordé ci-devant à quelques-unes de ses Troupes lorsqu'elles marchent par étape, son intention est, qu'à leur arrivée aux lieux de leur destination, ledit décompte leur soit fait sur le pied du traitement réglé ci-après.

Colonels & Commandans de bataillons.

Les Colonels & Commandans de bataillons d'Infanterie françoise, les Mestres-de-camp de Cavalerie, de Hussards & de Dragons, n'ayant plus de compagnie, continueront à recevoir l'étape sur le même pied, & pour le même nombre de rations qu'ils avoient précédemment, tant en leursdites qualités qu'en celle de Capitaines.

Mestres-de-camp de Cavalerie, Hussards & Dragons.

Les Lieutenans-colonels des régimens d'Infanterie & de Cavalerie françoise, celui de Filtzjames, ceux de Hussards & de Dragons, qui n'ont point de compagnie, seront payés de leurs appointemens pendant le temps de la route, & ne seront point assujétis à recevoir l'étape ; mais dans le cas qu'ils voudroient en prendre, ils la payeront à l'Étapier sur le pied du prix réglé par son marché, en observant de ne point excéder les quantités qui leur ont été réglées par l'ordonnance du 13 juillet 1727, tant en qualité de Lieutenans-colonels que de Capitaines.

Lieutenans-colonels d'Infanterie & de Cavalerie Françoise, Hussards & Dragons.

Les brigades du Corps royal de l'Artillerie n'auront point de solde pendant le temps qu'ils seront en route, & recevront l'étape ; il leur sera seulement donné le supplément de solde ci-après.

Brigades du Corps royal de l'Artillerie.

T ij

		l.	s.	d.
Officiers des compagnies d'Ouvriers, Canonniers & Bombardiers.	A chaque Capitaine en pied, trois livres onze sols dix deniers par jour	3.	11.	10.
	A chaque Capitaine en second, seize sols huit deniers.	0.	16.	8.
	A chaque Lieutenant en pied, quinze sols . . .	0.	15.	0.
	A chaque Lieutenant en second, dix sols . . .	0.	10.	0.
Ouvriers.	A chaque Sergent ou Maître-ouvrier, huit sols dix deniers.	0.	8.	10.
	A chaque Caporal, neuf sols huit deniers . .	0.	9.	8.
	A chaque Anspessade, huit sols huit deniers .	0.	8.	8.
	A chaque Ouvrier, huit sols huit deniers . . .	0.	8.	8.
	A chaque Apprentif, trois sols huit deniers . .	0.	3.	8.
	A chaque Tambour, trois sols deux deniers .	0.	3.	2.
Canonniers.	A chaque Sergent, huit sols dix deniers	0.	8.	10.
	A chaque Caporal, six sols deux deniers	0.	6.	2.
	A chaque Anspessade, quatre sols deux deniers.	0.	4.	2.
	A chacun des premiers Canonniers, trois sols deux deniers.	0.	3.	2.
	A chacun des seconds Canonniers, un sol huit deniers	0.	1.	8.
	A chacun des troisièmes Canonniers, huit deniers.	0.	0.	8.
	A chaque Tambour, trois sols deux deniers. .	0.	3.	2.
Bombardiers.	A chaque Sergent, huit sols dix deniers.	0.	8.	10.
	A chaque Caporal, six sols huit deniers . . .	0.	6.	8.
	A chaque Anspessade, cinq sols huit deniers. .	0.	5.	8.
	A chacun des premiers Artificiers-Bombardiers, quatre sols huit deniers	0.	4.	8.
	A chacun des seconds, quatre sols huit deniers.	0.	4.	8.
	A chacun des troisièmes, trois sols huit deniers.	0.	3.	8.

A chacun des premiers Bombardiers, trois fols deux deniers. . . . . 0.^l 3.^f 2.^d

A chacun des feconds, un fol huit deniers. . . 0. 1. 8.

A chacun des troifièmes, huit deniers. . . . . 0. 0. 8.

A chaque Tambour, trois fols deux deniers . 0. 3. 2.

Au Chef de brigade n'ayant pas de compagnie, onze livres par jour pour fon fupplément de folde, tant en ladite qualité, que pour lui tenir lieu de celle de Capitaine . . . . 11. 0. 0.

Au Colonel, n'ayant pas de compagnie, huit livres par jour pour fon fupplément de folde, tant en ladite qualité, que pour lui tenir lieu de celle de Capitaine . . . . 8. 0. 0.

Au Lieutenant-colonel n'ayant plus de compagnie, fix livres, tant en ladite qualité, que pour lui tenir lieu de celle de Capitaine . . . . . 6. 0. 0.

Au Major, cinq livres . . . . 5. 0. 0.

A l'Aide-major, quatre livres . . . . 4. 0. 0.

Au Sous-aide-major, quinze fols . . . . 0. 15. 0.

Au Garçon-major, dix fols . . . . 0. 10. 0.

A l'Aumônier, fept fols dix deniers. . . . . . 0. 7. 10.

Au Chirurgien, treize fols quatre deniers . . . 0. 13. 4.

État-major des brigades du Corps royal de l'Artillerie.

Les compagnies de Sappeurs & de Mineurs, n'auront pareillement pas de folde pendant le temps qu'elles feront en routé & recevront l'étape, & il leur fera feulement donné le fupplément de folde ci-après, favoir :

Sappeurs & Mineurs.

Au premier Capitaine commandant les fix compagnies de Sappeurs, fix livres . . . . 6.^l 0.^f 0.^d

A chaque Capitaine en pied des compagnies de Sappeurs, trois livres onze fols dix deniers. . 3. 11. 10.

908

		l.	s.	d.
	A chaque Lieutenant en premier, quinze sols .	0.	15.	0.
	A chaque Lieutenant en second, dix sols . . .	0.	10.	0.
	A chaque Sergent, huit sols dix deniers	0.	8.	10.
	A chaque Caporal, six sols deux deniers. . . .	0.	6.	2.
Sappeurs.	A chaque Anspessade, quatre sols deux deniers.	0.	4.	2.
	A chacun des premiers Sappeurs, trois sols deux deniers	0.	3.	2.
	A chacun des seconds Sappeurs, un sol huit deniers.	0.	1.	8.
	A chaque Tambour, trois sols deux deniers. .	0.	3.	2.
	Au Major des Sappeurs, cinq livres	5.	0.	0.
	A l'Aide-major, quatre livres.	4.	0.	0.
	Au premier Capitaine commandant les six compagnies de Mineurs, six livres par jour . . .	6.	0.	0.
	A chaque Capitaine des compagnies de Mineurs, trois livres onze sols dix deniers par jour . .	3.	11.	10.
	Au premier Capitaine en second établi dans la première compagnie, deux livres dix sols . .	2.	10.	0.
	A chaque Capitaine en second, seize sols huit deniers	0.	16.	8.
	A chaque premier Lieutenant, quinze sols . . .	0.	15.	0.
Mineurs.	A chaque Lieutenant en second, dix sols . . .	0.	10.	0.
	A chaque Sergent, huit sols dix deniers. . . .	0.	8.	10.
	A chaque Caporal, six sols deux deniers . . .	0.	6.	2.
	A chaque Anspessade, quatre sols deux deniers .	0.	4.	2.
	A chaque Mineur, quatre sols deux deniers . .	0.	4.	2.
	A chaque Apprentif, huit deniers.	0.	0.	8.
	A chaque Tambour, trois sols deux deniers . .	0.	3.	2.
	Au Major des Mineurs, cinq livres	5.	0.	0.
	A l'Aide-major, quatre livres	4.	0.	0.

Entend Sa Majesté que le décompte du linge & chauffure, fur le pied de feize deniers par jour à chaque Sergent & Maître-ouvrier, & de huit deniers à chaque Haute-paye, Soldat & Tambour des brigades du Corps royal de l'Artillerie, ainfi qu'aux compagnies de Sappeurs & de Mineurs, leur foit fait, comme ci-devant, par le Commis du Tréforier général du Corps royal de l'Artillerie & du Génie, fur ce qui leur reviendra de ce fupplément de folde en route, pour le temps que ces troupes auront été en marche.

Décompte du linge & chauffure.

Sa Majefté voulant bien permettre aux régimens Suiffes & Grifons, y compris celui d'Eptingen, de nouvelle levée, de recevoir l'étape en route, fon intention eft, que dans le cas où ces régimens la prendront, elle leur foit précomptée fur leur folde à leur arrivée aux lieux de leur deftination, par le Commis de l'Extraordinaire des guerres, fur le pied, favoir:

Suiffes & Grifons.

A chaque Capitaine en pied, trois livres huit fols par jour 3.ˡ 8.ˢ 0.ᵈ

A chaque Capitaine-lieutenant, une livre dix fols. 1. 10. 0.

A chaque Lieutenant, une livre cinq fols . . . . 1. 5. 0.

A chaque Sous-lieutenant & Enfeigne, une livre. 1. 0. 0.

A chaque Sergent, dix fols . . . . 0. 10. 0.

A chaque Soldat, cinq fols . . . . 0. 5. 0.

Les Officiers de l'État-major de chacun des régimens Suiffes & Grifons, feront payés pendant le temps de la route, de leurs appointemens, s'ils n'ont point pris d'étape, à raifon de mille livres par mois en temps de paix, & de dix-neuf cens foixante livres huit fols lorfqu'ils feront

État-major.

à la paye de guerre; & dans le cas qu'ils l'auront reçûe, ils la payeront à l'Étapier fur le pied du prix réglé par fon marché.

Régimens de Bouillon, Vierzet & Horion.

Jouiront du même avantage les régimens de Bouillon, Vierzet & Horion, auxquels il fera pareillement permis pendant le temps qu'ils feront en route, de prendre l'étape; & dans le cas où ces régimens la recevront, elle leur fera précomptée fur leur folde à leur arrivée aux lieux de leur deftination par le Commis de l'Extraordinaire des guerres, fur le pied, favoir:

A chaque Capitaine en pied, trois livres par jour. 3.^l o.^f o.^d

A chaque Capitaine en fecond, une livre dix fols. 1. 10. o.

A chaque premier & fecond Lieutenant, une livre. 1. o. o.

A chaque Lieutenant en fecond ou Enfeigne, quinze fols . . . . o. 15. o.

A chaque Sergent, dix fols . . . . o. 10. o.

A chaque Soldat, cinq fols . . . . o. 5. o.

État-major des régimens de Bouillon, Vierzet & Horion.

Il fera auffi permis aux Officiers de l'État-major de chacun defdits régimens de Bouillon, Vierzet & Horion, de recevoir pendant la marche de ces régimens, l'étape; & dans le cas qu'ils la prendront, elle fera précomptée fur leurs appointemens, fur le pied, favoir:

A chaque Colonel, trois livres fix fols huit deniers par jour . . . . 3.^l 6.^f 8.^d

A chaque Colonel en fecond ou Commandant, deux livres . . . . 2. o. o.

A chaque Lieutenant-colonel, une livre . . . . . 1. o. o.

Au Major, trois livres fix fols huit deniers . . . 3. 6. 8.

A l'Aide-major, une livre dix fols . . . . 1. 10. o.

Les

Les régimens Royal-Italien & Royal-Corse, n'auront *Royal-Italien*
point de folde pendant le temps qu'ils feront en route *& Royal-Corfe.*
& recevront l'étape; il leur fera feulement donné le fupplément de folde, fur le pied, favoir:

A chaque Capitaine de Grenadiers des régimens
de Royal-Italien & Royal-Corfe, deux livres par
jour 2.¹ 0.ſ 0.ᵈ

A chaque Lieutenant, une livre un fol quatre
deniers . . . .   1.   1. 4.

A chaque Sous-lieutenant, treize fols quatre deniers.   0. 13. 4.

A chaque Sergent, cinq fols . . . .   0.   5. 0.

A chaque Caporal, trois fols neuf deniers . . . .   0.   3. 9.

A chaque Anfpeffade & Tambour, trois fols quatre
deniers . . . .   0.   3. 4.

A chaque Grenadier, deux fols fix deniers . . . .   0.   2. 6.

Compagnies de Grenadiers.

A chaque Capitaine de Fufiliers, une livre treize
fols quatre deniers . . . .   1. 13. 4.

A chaque Capitaine en fecond, dix-huit fols . .   0. 18. 0.

A chaque Lieutenant en premier, treize fols quatre
deniers . . . .   0. 13. 4.

Au Lieutenant en fecond, dix fols . . . .   0. 10. 0.

A chaque Sergent, quatre fols huit deniers . . .   0.   4. 8.

A chaque Caporal, trois fols fix deniers . . . . .   0.   3. 6.

A chaque Anfpeffade & Tambour, trois fols . .   0.   3. 0.

A chaque Appointé, deux fols fix deniers . . . .   0.   2. 6.

A chaque Fufilier, deux fols . . . .   0.   2. 0.

Compagnies de Fufiliers.

A chaque Colonel, par jour, douze livres . . . . 12.   0. 0.

Au Colonel-commandant de Royal-Italien, fix
livres treize fols quatre deniers . . . .   6. 13. 4.

Au Colonel-commandant de Royal-Corfe, tant
en cette qualité qu'en celle de Capitaine,
cinq livres . . . .   5.   0. 0.

État-major. { A chaque Lieutenant-colonel, six livres.	6.ˡ	o.ˢ	o.ᵈ
A chaque Major, sept livres	7.	o.	o.
A chaque Interprète qui ne doit point avoir d'étape, cinq livres	5.	o.	o.
A chaque Aide-major, une livre.	1.	o.	o.
A chaque Maréchal-des-logis, dix sols.	o.	10.	o.
A chaque Aumônier, dix-huit sols huit deniers.	o.	18.	8.
A chaque Chirurgien-major, cinq sols.	o.	5.	o.
A chaque Prevôt, treize sols quatre deniers. . .	o.	13.	4.
A chacun de leurs Lieutenans, dix sols. . . .	o.	10.	o.
A chaque Greffier, quatre sols six deniers. . .	o.	4.	6.
A chaque Archer & Exécuteur de Justice, deux sols huit deniers.	o.	2.	8.
A chaque Tambour-major, trois sols quatre deniers . . . . }	o.	3.	4.

Régimens Irlandois & Écossois. Les régimens d'Infanterie Irlandoise de Bulkeley, Clare, Dillon, Rothe & Berwick, & les deux d'Infanterie Écossoise, de Royal-Écossois & Ogilvy, n'auront point de solde pendant le temps qu'ils seront en marche & recevront l'étape; il leur sera seulement donné le supplément de solde ci-après.

Compagnies de Grenadiers. { A chaque Capitaine de Grenadiers, trois livres dix sols	3.ˡ	10.ˢ	o.ᵈ
A chaque Capitaine en second, seize sols huit deniers	o.	16.	8.
A chaque Lieutenant en premier, deux livres dix sols	2.	10.	o.
A chaque Lieutenant en second, dix sols. . . .	o.	10.	o.
A chaque premier Sergent, huit sols	o.	8.	o.
A chaque second Sergent, quatre sols.	o.	4.	o.
A chaque Caporal, Anspessade, Grenadier & Tambour, trois sols . . . . }	o.	3.	o.

A chaque Capitaine de Fuſiliers, deux livres dix ſols 2.ˡ 10.ˢ 0.ᵈ

A chaque Capitaine en ſecond, ſeize ſols huit deniers. . . . . 0. 16. 8.

A chaque Lieutenant en premier, une livre cinq ſols . . . . 1. 5. 0.

A chaque Lieutenant en ſecond, dix ſols. . . . 0. 10. 0.

A chaque premier Sergent, huit ſols . . . . . . 0. 8. 0.

A chacun des autres Sergens, quatre ſols . . . 0. 4. 0.

A chaque Caporal, Anſpeſſade, Fuſilier & Tambour, trois ſols . . . . 0. 3. 0.

Compagnies de Fuſiliers.

A chaque Cadet, ſept ſols ſix deniers . . . . . . 0. 7. 6. *Cadets.*

Chacun des Colonels des régimens Irlandois de Bulkeley, Clare & Dillon, & ceux de Royal-Écoſſois & d'Ogilvy, auront par jour, de ſupplément de ſolde en route, douze livres . . . 12. 0. 0.

Chaque Lieutenant-colonel, trois livres quinze ſols . . . . 3. 15. 0.

Chaque Major, quatre livres trois ſols quatre deniers. 4. 3. 4.

Chaque Interprète qui ne doit point avoir d'étape, cinq livres . . . . 5. 0. 0.

Chaque Aide-major, une livre ſix ſols huit deniers 1. 6. 8.

Chaque Aumônier, une livre dix ſols . . . . . . 1. 10. 0.

Chaque Chirurgien, une livre . . . . 1. 0. 0.

Chaque Maréchal-des-logis, dix ſols . . . . . . 0. 10. 0.

Chaque Capitaine réformé, ſeize ſols huit deniers. 0. 16. 8.

Chaque Lieutenant réformé, dix ſols. . . . . . 0. 10. 0.

Chaque Sous-lieutenant, dix ſols . . . . 0. 10. 0.

Chaque Enſeigne, une livre un ſol . . . . 1. 1. 0.

État-major des régimens de Bulkeley, Clare & Dillon, & des régimens Écoſſois, Royal-Écoſſois & Ogilvy.

Il sera aussi payé cinq livres par jour au second Interprète attaché au régiment Royal-Écossois, conformément à l'article III de l'ordonnance du 20 décembre 1748, concernant l'incorporation du régiment d'Albanie; lequel Interprète ne doit point avoir d'étape en route.

L'État-major de chacun des deux régimens Irlandois de Rothe & Berwick, aura l'étape en route avec le supplément de solde, sur le pied, savoir :

Chaque Colonel, douze livres par jour. . . . . . . 12.ˡ o.ˢ o.ᵈ

Chaque Lieutenant-colonel, trois livres quinze sols. 3. 15. 0.

Chaque Major, quatre livres trois sols quatre deniers. . . . . 4. 3. 4.

Chaque Interprète qui ne doit point avoir d'étape, cinq livres. . . . . 5. 0. 0.

Chaque Aide-major, une livre six sols huit deniers. . . . . 1. 6. 8.

Chaque Aumônier, une livre dix sols. . . . . . . 1. 10. 0.

Chaque Chirurgien, une livre. . . . . 1. 0. 0.

Chaque Maréchal-des-logis & au Prevôt, chacun cinq sols. . . . . 0. 5. 0.

Chacun des cinq Archers & à l'Exécuteur de Justice, chacun un sol. . . . . 0. 1. 0.

L'Officier-major, ou celui chargé du détail à l'arrivée de la troupe dans le lieu de sa destination, remettra au Commis de l'Extraordinaire des guerres, & celui du Corps de Royal-Artillerie, Sappeurs & Mineurs, au Commis du Trésorier général du Corps royal de l'Artillerie, la route en original, pour qu'il puisse former le décompte & en faire le payement, après néanmoins avoir tiré une copie exacte, tant de ladite route sur laquelle la troupe aura marché, que des revûes faites par les Maires & Échevins qui y seront inscrites, & celle du Commissaire des guerres, qui doit être pareillement au dos de ladite route; laquelle copie sera collationnée par un Commissaire des guerres, ou à son défaut par un Subdélégué de l'Intendant: Ordonne au surplus Sa Majesté que le payement du décompte ne soit fait qu'après que ladite copie aura été remise au Trésorier par l'Officier-major ou celui chargé du détail, & ledit Trésorier sera tenu de la faire passer sur le champ au Secrétaire d'État ayant le département de la guerre.

Veut au surplus Sa Majesté que la fourniture des rations d'étape continue d'être délivrée aux troupes dénommées ci-dessus, dans la même composition & quantités de rations réglées par l'ordonnance du 23 juillet 1727, à laquelle Elle ne prétend point déroger à cet égard.

L'intention de Sa Majesté est que les retenue & supplémens de solde ci-dessus réglés aux troupes d'Infanterie étrangère, continuent d'avoir leur exécution sur le pied qui leur est fixé, & sans que les Officiers desdites troupes puissent rien prétendre à cet égard, à l'occasion de l'augmentation qu'Elle a jugé à propos de leur accorder sur leurs appointemens & autres traitemens.

Quoique la subsistance des Troupes soit payée sur le pied de trente jours également par chaque mois, sans avoir égard au 31 des mois qui en ont ce nombre, ni au 28 ou 29 de février, cependant lorsqu'elles marcheront sur leur solde le trente-unième jour d'un mois, la subsistance leur sera payée pour ledit jour; & si c'est dans le mois de février, elles ne la recevront que pour autant de jours qu'aura ce mois, ainſi qu'il en eſt uſé pour l'étape.

Cette diſpoſition ne doit point avoir lieu pour les Lieutenans - colonels d'Infanterie, Cavalerie, Huſſards & Dragons qui doivent recevoir leurs appointemens quoiqu'en route.

X V I I I.

Logement des gens de guerre. LES troupes d'Infanterie, Gendarmerie, Cavalerie, Carabiniers, Huſſards & Dragons qui feront logées chez les habitans des villes & autres lieux, tant de la frontière que de l'intérieur du royaume, n'y auront que le ſimple couvert, avec des lits garnis de linceuls, & place au feu & à la chandelle de l'hôte, ſuivant ſa commodité.

Défenſe de faire le faux-ſaunage. DÉFEND Sa Majeſté aux Officiers, Gardes-du-corps, Gendarmes, Chevaux-légers, Mouſquetaires, Cavaliers, Carabiniers, Huſſards, Dragons & Soldats, de prendre aucun ſel dans les pays étrangers, ou dans ceux de l'obéiſſance de Sa Majeſté, où la gabelle n'eſt point établie, ni de ſe charger d'aucun tabac ou autres marchandiſes prohibées, pour tranſporter, vendre ou débiter, en telle manière que ce puiſſe être, & à quelque perſonne que ce ſoit dans les provinces du royaume ; à peine aux Chefs & Commandans, de répondre ſur les payes à eux ordonnées, & ſur leurs biens, des dommages qui feroient faits aux fermes générales par ceux étant ſous leur charge ; & aux Cavaliers, Carabiniers, Huſſards, Dragons & Soldats, d'être punis ſuivant la rigueur des ordonnances contre les faux-ſauniers. Défend auſſi Sa Majeſté à tous ſes Sujets, de quelque qualité & condition qu'ils ſoient, de commettre le faux-ſaunage, ni d'aſſiſter & favoriſer en quelque ſorte que ce ſoit, les gens de

guerre qui le commettront, auſſi ſur les peines des ordonnances.

Défend encore Sa Majeſté auxdits gens de guerre,
d'aller, ni d'envoyer couper, abattre, ni prendre aucun
bois dans les forêts & buiſſons, à qui que ce ſoit qu'ils
appartiennent, d'y chaſſer à la campagne, en quelque lieu
que ce puiſſe être; de tirer avec fuſils ni autres armes à
feu ſur les pigeons & ſur le gibier, ni pêcher dans les
étangs, à peine de punition corporelle : Voulant que les
coupables des crimes ci-deſſus ſoient punis par les Prevôts
des Maréchaux, & à leur défaut par les Juges ordinaires
des lieux, ſelon la rigueur des ordonnances; ſans que les
gens de guerre puiſſent auxdits crimes alléguer aucune
exception ni privilége, ni les Juges y avoir égard.

MANDE & ordonne Sa Majeſté aux Généraux commandant ſes armées, aux Officiers généraux ayant commandement ſur ſes troupes, aux Gouverneurs & Lieutenans
généraux dans ſes provinces, aux Gouverneurs & Commandans de ſes villes & places, aux Inſpecteurs généraux de
ſes troupes, aux Intendans de ſes armées, dans ſes provinces
& ſur ſes frontières, aux Commiſſaires des guerres, & à
tous autres ſes Officiers qu'il appartiendra, de tenir la
main à l'exécution de la préſenté ordonnance. FAIT à
Verſailles le vingt-cinq février mil ſept cent ſoixante.
Signé LOUIS. *Et plus bas,* LE M.ᴬᴸ DUC DE BELLE-ISLE.